Konjunktur und Krise

AKADEMIE-VERLAG · BERLIN

WISSENSCHAFTLICHES

BULLETIN

DES INSTITUTS FÜR

WIRTSCHAFTSWISSENSCHAFTEN

BEI DER

DEUTSCHEN AKADEMIE

DER WISSENSCHAFTEN

ZU BERLIN

HEFT

1

1964

8. JAHRGANG

THEORIA CUM PRAXI

INHALT

Redaktionsschluß: 10. 1. 1964

Herausgeber: Institut für Wirtschaftswissenschaften bei der Deutschen Akademie der Wissenschaften zu Berlin

Anschrift der Redaktion: Berlin W 8, Leipziger Straße 3—4

Verantwortlich für den Inhalt: Prof. Dr. J. L. SCHMIDT, Berlin W 8, Leipziger Str. 3—4. Verlag: Akademie-Verlag GmbH, Berlin W 8, Leipziger Str. 3—4, Fernruf 22 04 41, Telex-Nr. 01 17 73, Postscheckkonto: Berlin 350 21. Die Zeitschrift erscheint vierteljährlich. Bezugspreis eines Heftes DM 4,—. Veröffentlicht unter der Lizenznummer 1338 des Presseamtes beim Vorsitzenden des Ministerrates der Deutschen Demokratischen Republik. Bestellnummer dieses Heftes: 1059/8/1. Gesamtherstellung: VEB Druckerei „Thomas Müntzer" Bad Langensalza.

Konjunktur und Krise

Wissenschaftliches Bulletin des Instituts für Wirtschaftswissenschaften
bei der Deutschen Akademie der Wissenschaften zu Berlin

8. Jahrgang 1964 Heft 1

Zur Entwicklung von Arbeitsproduktivität und Lohn in Westdeutschland

KARL-HEINZ HORN

In letzter Zeit häufen sich westdeutsche Verlautbarungen, wonach das angeblich ungünstige Verhältnis von Lohn- und Arbeitsproduktivitätsentwicklung das kapitalistische Wirtschaftswachstum nachteilig beeinflusse. Die negative Wirkung bestehe einmal darin, daß die Konkurrenzfähigkeit der westdeutschen Wirtschaft auf dem Außenmarkt untergraben werde. So würden die steigenden Löhne die Kostenstruktur verschlechtern und damit den Export hemmen. Andererseits würden die wachsenden Lohnkosten die Ertragslage verschlechtern, also die Profite verringern und damit die Investitionsmöglichkeit und -bereitschaft vermindern, was wieder zu einem Zurückbleiben in der Entwicklung der Arbeitsproduktivität im Vergleich zu den Konkurrenten führe. Eine Untergrabung der Konjunktur müsse die Folge sein.

Weiterhin wird behauptet, Lohnerhöhungen, zumindest insoweit, wie sie über die Steigerung der Arbeitsproduktivität hinausgehen sollten, seien für inflationistische Tendenzen, für die Zerrüttung der Währung und auch damit wieder für die jetzt offensichtliche Dämpfung der Konjunktur verantwortlich.

Konzentriert sind alle diese Auffassungen in den Angriffen Erhards auf den Lohnkampf der westdeutschen Arbeiter, in seinen Maßhaltereden enthalten. Die Rechten in der DGB- und besonders in der SPD-Führung folgen in oft nur geringfügig abgewandelter Form der Erhardschen Politik. So in ihren Auffassungen von einer angeblich notwendigen „verantwortungsbewußten Disziplin" in Lohnfragen, z. B. durch die erstrebte Bindung der Lohnsteigerungen an die Entwicklung der Arbeitsproduktivität oder des Nettosozialproduktes. Es sei dies ein Weg, auf dem sich die Gewerkschaften als sogenannte „Ordnungsfaktoren" in Staat und Wirtschaft bewähren würden.

Es ist in diesem Zusammenhang wichtig, sich sowohl über die derzeitigen Fakten als auch über die Erkenntnisse des Marxismus-Leninismus, die das Verhältnis von Arbeitsproduktivität und Lohn im Kapitalismus, besonders aber heute in Westdeutschland, betreffen, volle Klarheit zu verschaffen.

Arbeitsproduktivität und Lohn sind in ihrer Entwicklung vielfältig miteinander verbunden und wirken wechselseitig aufeinander ein. Da der Arbeitslohn als Preis der Ware Arbeitskraft letzten Endes an deren Wert gebunden ist, ergibt sich zunächst das Problem der Abhängigkeit des Wertes der Arbeitskraft — und damit wieder des Lohnes — von der Produktivitätsentwicklung. Dieser Zusammenhang beinhaltet zugleich die Frage der Steigerung der kapitalistischen Ausbeutung, denn die Senkung des Wertes der Ware Arbeitskraft auf dem Wege der Entwicklung von Arbeitsproduktivität und die daraus folgende Verschiebung der Teilung des Arbeitstages in notwendige und in Mehrarbeitszeit zu Gunsten der Mehrarbeit ist ja auf die Dauer gesehen die wirksamste Methode der Erhöhung der Mehrwertrate. Hieraus folgt dann die weitere Wirkung auf die Lohnentwicklung selbst, besonders auf die des Reallohnes.

Wir wollen uns zunächst die wichtigsten Fakten in bezug auf die Entwicklung des Reallohnes und der Arbeitsproduktivität in Deutschland bzw. Westdeutschland vor Augen führen. Im Zuge der industriellen Revolution herrschte über Jahrzehnte hinweg die Tendenz der Reallohnsenkung vor. Der Kapitalismus begann seine zyklische Entwicklung mit einer großen und stockenden Arbeitslosigkeit in Krisenzeiten. Gleichzeitig verbreitete sich die Frauen- und Kinderarbeit schnell, die Arbeitszeiten wuchsen übermäßig und erreichten überall ein Maximum, alte Handwerkszweige wurden niederkonkurriert, Arbeitskräfte durch Maschinen verdrängt. Alles dies mußte um so mehr die Löhne drücken, da die entgegenwirkenden, von den kämpfenden Arbeitern ausgehenden Kräfte noch sehr schwach waren, die Organisationen des Proletariats noch nicht über die ersten Keimformen hinweggekommen waren. Der Raubbau an der Arbeitskraft nahm unglaubliche Ausmaße an.

Nach den Berechnungen von JÜRGEN KUCZYNSKI erreichten die Reallöhne in der ersten Hälfte des vorigen Jahrhunderts — mit etwas unterschiedlichen Zeitpunkten in den verschiedenen kapitalistischen Ländern — ihr Minimum, um anschließend bis zum Beginn des Imperialismus und weiter bis zum ersten Weltkrieg ziemlich regelmäßig, von Zyklus zu Zyklus, zu steigen. Parallel hierzu setzten die Arbeiter eine Senkung des Normalarbeitstages durch. Diese Entwicklung war einmal das Ergebnis der von der Industrialisierung selbst ausgehenden Wirkungen, der Entwicklung der Produktivkräfte und der damit steigenden notwendigen Bedürfnisse der Arbeiter, wie sie nicht zuletzt aus der Intensivierung der Arbeit erwuchsen, zum anderen das Resultat der steigenden Kampfkraft der Arbeiterklasse, die zahlenmäßig an Umfang gewann, sich als Klasse formierte und organisierte. Im einzelnen folgen dabei die Reallöhne dem Krisenzyklus.

Engels charakterisierte die Reallohnentwicklung in der zweiten Hälfte des vorigen Jahrhunderts mit folgenden Worten:

> „Es ist eine alte Geschichte: In guten Geschäftszeiten zwingt die Nachfrage nach Arbeit die Herren zur Kulanz, in schlechten nutzen sie das Überangebot von Arbeit aus. Im ganzen aber wächst der Widerstand der Arbeiter mit ihrer wachsenden Organisation doch derart, daß die allgemeine Lage — der Durchschnitt — sich ein geringes hebt, daß keine Krise die Arbeiter dauernd *unter* den Nullpunkt, den *niedrigsten* Punkt der vorigen Krise wieder herabdrückt. Was aber werden wird, wenn wir einmal eine lange, chronische, fünf bis sechs Jahre umfassende, *allgemeine* Industriekrise erleben sollten, das ist schwer zu sagen.“ [1]

Nach den Berechnungen von J. KUCZINSKIJ lagen die Reallöhne gegenüber 1900 = 100 am niedrigsten:

In England	in der Zeit von 1808—1818,	nämlich	43 vH,
in Deutschland	„ „ „ „ 1852—1859,	„	66 vH,
in Frankreich	„ „ „ „ 1852—1859,	„	55 vH.

[1] Brief Engels an Oppenheim vom 24. 3. 1891, in MARX/ENGELS, Briefe über das Kapital, Berlin 1954, S. 325.

Demnach haben sich also in England die Reallöhne über fast ein ganzes Jahrhundert hinweg etwas mehr als verdoppelt, in Frankreich haben sie sich seit der Mitte des vorigen Jahrhunderts bis 1900 knapp verdoppelt und in Deutschland stiegen sie in der gleichen Zeit um rund 50 Prozent. Dabei ist noch zu beachten, daß das Minimum zum Ausgangspunkt gewählt wurde, gegenüber allen anderen Zeiten ergeben sich geringere Steigerungen. Die steigende Tendenz der Reallöhne setzt sich im allgemeinen ziemlich regelmäßig bis zum ersten Weltkrieg fort.

Ergänzen wir diese Angaben durch die zahlreicher vorliegenden Reallohnberechnungen für die Zeit seit 1900, so kommen wir zu folgenden Ergebnissen:[2]

In Deutschland (nach 1945 Westdeutschland) stiegen die Reallöhne von 1852—59 = 100 auf höchstens etwa 270 im Jahre 1962, in Frankreich vom gleichen Ausgangspunkt bis zum Jahre 1959 auf etwa 250, in England von 1860 = 100 auf rund 290 im Jahre 1960. Man kann insgesamt annehmen, daß sich die Reallöhne in den entwickelten kapitalistischen Ländern gegenüber dem jeweiligen Tiefststand im vorigen Jahrhundert bis in unsere Tage bestenfalls verdreifacht haben.

Der Beginn der allgemeinen Krise des Kapitalismus spiegelt sich deutlich in der Reallohnentwicklung wieder. Die relative Regelmäßigkeit der Reallohnsteigerung von Zyklus zu Zyklus wurde durch eine verstärkte Unregelmäßigkeit abgelöst, die vor allen Dingen durch Zeiten beträchtlicher und langanhaltender Rückgänge der Reallöhne gekennzeichnet war. Betrachten wir die Reallohnentwicklung in Deutschland bzw. Westdeutschland in der Periode der allgemeinen Krise des Kapitalismus im Einzelnen.

Der erste Weltkrieg und seine unmittelbaren Folgen führten in Deutschland zu einem Rückgang der Reallöhne, der unvergleichlich tiefer ging als die in Krisenzeiten des vorigen Jahrhunderts üblichen Reallohnsenkungen: die Reallöhne wurden um rund ein halbes Jahrhundert zurückgeworfen. Im Jahre 1924, also mehr als fünf Jahre nach Kriegsende, betrugen die realen Nettowochenverdienste in Deutschland nur erst etwa 68 Prozent des Standes von 1913, sie lagen damit noch unter dem Stand von 1871 (nach Bry). Im Durchschnitt der Kriegs- und Nachkriegsjahre 1914 bis 1923 lagen die Reallöhne nach Kuczinski in Deutschland um 30 Prozent unter dem Niveau des Jahres 1900 und entsprachen damit nicht einmal dem Stand der 60er Jahre des vorigen Jahrhunderts.

Daß die Ergebnisse eines halben Jahrhunderts des Kampfes der deutschen und der internationalen Arbeiterbewegung für die Verbesserung ihrer Lebens-

[2] Neben offiziellen Statistiken und den Berechnungen Kuczynskis wurden Angaben aus folgenden Quellen verwendet:

1. Ljubimowa, Die Bewegung des Reallohns des Inrustrieproletariats in den Ländern Westeuropas und in Japan, „Weltwirtschaft und internationale Beziehungen" Moskau 1962, Heft 5, S. 56 ff;
2. Grumbach/König, Beschäftigung und Löhne in der deutschen Industriewirtschaft, „Weltwirtschaftliches Archiv" Band 79, S. 138 ff;
3. Emil Bandholz, Der Lohn — Betrachtungen zum Problem der Lohnbildung, Volkswirtschaftliche Schriften, Band 64, Berlin 1962;
4. Bowley, Wages and Income in the United Kingdom since 1860, Cambridge 1937;
5. G. Bry, Wages in Germany, 1871—1945, A Study by the National Bureau of Economic Research, New York/Princeton 1960;
6. H. Gückelhorn, Höhere Löhne — Wohltat oder Plage, Stuttgart 1958.

bedingungen aber keineswegs dauerhaft zunichte gemacht werden konnten, daß sich vielmehr trotz dieses über ein Jahrzehnt währenden sehr gedrückten Lebensstandards die Kampfkraft des Proletariats wesentlich erhöht hat, durch die Oktoberrevolution sogar auf eine qualitativ höhere Stufe gehoben worden ist, zeigen sehr deutlich die folgenden Jahre der relativen Stabilisierung des Kapitalismus, selbst an der Reallohnentwicklung gemessen. Trotz der Kürze und Schwäche der Konjunktur der zwanziger Jahre, während der die Pro-Kopf-Produktion bis 1929 nur ganz geringfügig über das Niveau von 1913 gesteigert wurde, trotz der Erscheinung der chronischen Massenarbeitslosigkeit, die sich darin ausdrückte, daß selbst 1929 noch weit mehr als eine Million Vollarbeitslose von der bürgerlichen Statistik in Deutschland registriert wurden, stiegen die Reallöhne vergleichsweise schnell.

Setzen wir die Nettowochenreallöhne des Jahres 1924 in der deutschen Industrie gleich 100, so stiegen sie bis zum Jahre 1929 auf 147, also um fast 50 Prozent. Dieser hohe Steigerungssatz ist natürlich durch den niedrigen Ausgangspunkt bedingt, denn gegenüber dem Vorkriegsstand (1913) ergibt sich nur eine Erhöhung von etwa 2 Prozent. Das Ergebnis der Reallohnsteigerung der zwanziger Jahre war demnach nichts anderes, als daß der einmal erreichte Stand etwa wiederhergestellt wurde.

Die wachsenden inneren und äußeren Kräfte des Sozialismus waren noch nicht stark genug, um zu verhindern, daß sich das allgemeine und absolute Gesetz der kapitalistischen Akkumulation in der ersten Etappe der allgemeinen Krise des Kapitalismus — wie wir später sehen werden, trifft dies auf den ganzen Zeitabschnitt einschließlich dem zweiten Weltkrieg und der ersten Nachkriegsjahre zu — verstärkt durchsetzt, daß die sich zuspitzenden Widersprüche in dieser Periode unmittelbaren Zusammenbruchs des Kapitalismus im Weltmaßstab anfangs noch vor allen Dingen zu Lasten des Proletariats gingen. Dies trifft auch auf den Lebensstandard im engeren Sinne, wie er etwa im Reallohn zum Ausdruck kommt, zu. Betrachten wir den Durchschnitt der Jahre nach dem ersten Weltkrieg, so ermitteln wir immer niedrigere Reallöhne als vor dem Krieg, ganz gleich welche Zeitspanne wir herausgreifen. So lagen die Reallöhne (nach BRY) im Durchschnitt der Jahre 1924—1932 um 9% unter dem Stand von 1913, nach KUZCYNSKI um etwa 14 Prozent unter dem Stand von 1900. Aber selbst wenn wir nur die Jahre der Konjunktur, 1924—1929 herausgreifen und mit dem Vorkriegsstand des Reallohnes vergleichen, so zeigt es sich, daß sie im Durchschnitt niedriger sind. Dies ist verständlich, es geht schon daraus hervor, daß nur 1929 der Vorkriegsstand etwas überschritten wurde, um gleich danach, in der großen Weltwirtschaftskrise wieder abzusinken.

In der Weltwirtschaftskrise sanken die Reallöhne nach BRY auf 87 Prozent des Standes von 1913 ab (Netto-Wochenlöhne), da die Reallöhne 1929 etwa 2 Prozent über dem Stand von 1913 lagen, ergibt sich gegenüber diesem Vorkrisenjahr eine etwas stärkere Senkung. Die von der offiziellen deutschen Statistik ausgewiesenen Lohnziffern und die Angaben über die Entwicklung der Lebenshaltungskosten bestätigen dieses Maß der Lohnsenkung, Einzelbeispiele, wie aus dem deutschen Steinkohlenbergbau, zeigen sogar noch stärkere Reallohnsenkungen in der Krise. Hierbei muß beachtet werden, daß die materiellen Einbußen des Proletariats weit über das durch die Reallohnentwicklung ausgedrückte Maß hinausgehen, daß die durchschnittlichen Familieneinkommen durch die massenhafte Arbeitslosigkeit weit stärker gesunken waren.

In der Zeit des Faschismus stiegen die Einkommen der Arbeiterfamilien einmal durch den Rückgang der Arbeitslosigkeit, zum anderen aber auch durch, allerdings sehr geringfügige, Reallohnerhöhungen. Nach den Angaben der amtlichen deutschen Statistik überschritten die realen Wochenlöhne erst im Jahre 1937 den Stand von 1929 und damit gleichzeitig den von 1913. 1939, dem Jahr des Beginns des zweiten Weltkrieges, wurden reale Wochenlöhne ausgewiesen, die nur um 5 Prozent über dem Niveau von 1929 und nur etwa 6 bis 7 Prozent über dem von 1913 liegen, aber selbst diese Zahlen werden noch beschönigt sein. So lagen z. B. selbst die nominalen Schichtlöhne im Steinkohlenbergbau (einschließlich Versicherungsbeiträge, Zuschläge, Kindergeld) im Jahre 1939 mit 7,73 RM im Durchschnitt immer noch unter dem Stand von 1928, wo der vergleichbare Schichtlohn 8,10 RM betrug. Die bürgerliche Statistik weist allerdings für 1939 etwas geringere Lebenshaltungskosten als 1928 aus.

Nach der amtlichen Statistik setzte sich die Erhöhung der realen Wochenlöhne auch in den ersten Kriegsjahren — bis 1941 — fort. Angesichts der Rationierung usw. sind diese Ziffern jedoch weitgehend als bedeutungslos anzusehen.

Überblicken wir die Reallohnentwicklung in Deutschland in der ersten Etappe der allgemeinne Krise des Kapitalismus, so ergibt sich zusammengefaßt folgendes Bild: Im Durchschnitt der Jahre von 1924 bis 1939 lagen die realen Wochenlöhne etwa 6 Prozent *unter dem Stand von 1913*.In der Zeit vom ersten bis zum zweitenWeltkrieg liegen zwei Perioden steigender Reallöhne, die erste von 1924 bis 1929 und die zweite von 1933 bis 1939. In beiden Fällen, aber besonders im Faschismus, wurden diese Steigerungen weniger durch Erhöhung der Stundenlöhne, sondern in hohem Maße durch Abnahme bzw. sogar Verschwinden der Kurzarbeit im Zusammenhang mit der faschistischen Rüstung, der Verlängerung der Arbeitszeiten und der Leistung von höher bezahlten Überstunden erzielt. In beiden Fällen stieg die Leistung der Arbeiter beträchtlich schneller als der Lohn, wuchs die Ausbeutung im höchsten Grade. In der im Vergleich zur Konjunktur der zwanziger Jahre viel geringeren Steigerung der Löhne kommt das Wesen des Faschismus zum Ausdruck, zeigt sich die brutale Unterdrückung der Arbeiterbewegung.

Beide Perioden der Steigerung der realen Wochenlöhne hatten — wie die angeführten Zahlen zeigten — nur jeweils das Resultat, daß der Höchststand der vorangegangenen Konjunktur erreicht und nur ganz minimal überschritten wurde. In einer Zeitspanne von fast vier Jahrzehnten, von 1914 bis etwa 1952, *gab es überhaupt nur 3 bis 4 Jahre, in denen die realen Wochenlöhne über dem Stand von 1913 lagen*! Es gab dagegen mehrere Rückschläge in der Reallohnentwicklung, die jedesmal mehrere Jahre andauerten und die die Löhne auf ein Niveau zurückwarfen, das noch unter dem der Mitte des vorigen Jahrhunderts lag.

Wir müssen daher feststellen, daß in der ersten Etappe der allgemeinen Krise des Kapitalismus, und auch noch — in Deutschland und einigen anderen Ländern als unmittelbare Kriegsfolge — in den ersten Jahren der zweiten Etappe der allgemeinen Krise sich die Verelendung des Proletariats im Hinblick auf die Reallohnentwicklung besonders stark durchsetzte. Während in der zweiten Hälfte des vorigen Jahrhunderts die Reallöhne in Deutschland um rund 50 Prozent stiegen, hat sich ihr Entwicklungstempo, selbst wenn wir die erreichten maximalen Löhne während der Höhepunkte der Konjunkturen miteinander verbinden, derart vermindert, daß es der Stagnation nahekommt.

Die Nachkriegsentwicklung in Westdeutschland bietet folgendes Bild: Nach mehreren Jahren unglaublich niedriger Reallöhne, die selbst nach Berechnungen westdeutscher Soziologen oft nur zu einem Drittel zur Reproduktion die Arbeitskraft reichten, begann 1948 eine ziemlich regelmäßige und merkliche Reallohnsteigerung. Angesichts des außerordentlich niedrigen Ausgangsniveaus war eine derartige Entwicklung unabdingbar notwendig, lebensnotwendig, die Löhne konnten einfach nicht lange auf dem Hungerniveau von 1946 verharren. Nach den Angaben der Statistischen Jahrbücher der Bundesrepublik betrugen die nominalen Bruttowochenlöhne männlicher Industriearbeiter im Jahresdurchschnitt 1950 = 67,65 DM; bis zum Februar 1963 waren sie auf 163,85 DM gestiegen.[3] Es ist dies eine Zunahme auf etwa 242 Prozent. Da die Abzüge von den Bruttolöhnen sich von rund 12 auf nahezu 18 Prozent erhöhten, stiegen die Nettowochenlöhne langsamer, etwa auf 225 Prozent. Berücksichtigen wir die gleichzeitige Senkung der Kaufkraft der DM — der Index der Lebenshaltungskosten der mittleren Verbrauchergruppe stieg von 1950 bis Februar 1963 auf mindesten 135 — so erhalten wir ein Erhöhung der realen Nettowochenlöhne männlicher Industriearbeiter in der angegebenen Zeit um etwa 80 Prozent.

Auch die Angaben über das durchschnittliche Einkommen aller „Unselbständigen", d. h. aller Arbeiter, Angestellten und Beamten sämtlicher Wirtschaftsbereiche bestätigen die genannten Lohnziffern. So entwickelte sich das monatliche Nettoeinkommen aus „unselbständiger Arbeit je Arbeitnehmer" in Westdeutschland von 212 DM im Jahre 1950 auf 465 DM im Jahre 1961, also von 100 auf 220.[4]

Obwohl die erreichten Resultate keineswegs überwältigend sind — noch im Jahresdurchschnitt 1961 lag das monatliche Nettoeinkommen je *Haushalt* in Westdeutschland in 53,4 Prozent aller Fälle niedriger als 600,— DM, in immerhin 14,7 Prozent aller Fälle sogar unter 300,— DM[5], und die bürgerliche westdeutsche Statistik sicher keine Möglichkeit ausgelassen hat, die Lohn- und besonders die Ziffern über die Lebenshaltungskosten zu beschönigen, so verbleibt doch ein Resultat, das die Entwicklung in früheren Konjunkturen in den Schatten stellt.

Obwohl die Lebenshaltungskosten in Westdeutschland im Frühjahr 1963 etwa 207 Prozent des Standes von 1938 ausmachten, erhalten wir eine Reallohnsteigerung auch gegenüber der Vorkriegszeit von mehr als 50 Prozent. Es ist der erste Fall seit Beginn der allgemeinen Krise des Kapitalismus, daß in Deutschland im Zuge einer Konjunktur das Maximum der Reallöhne des vorangegangenen Zyklus merklich überschritten wird.

Die Ursachen für diese Steigerung der Reallöhne liegen auf der Hand, sie sollen hier nur kurz angedeutet werden. Grundlage bildete die Konjunktur selbst, die im Unterschied zu den früheren Aufschwüngen in der Zeit der allgemeinen Krise des Kapitalismus erstmals eine Steigerung der Industrieproduktion zeigte, die weit über das früher erzielte Maximum hinausging. Während die industrielle Produktion in Deutschland sowohl 1929 als auch 1939 nur jeweils wenige Prozent über dem Höchststand der vorhergegangenen Konjunktur lag, konnte in Westdeutschland gegenüber der Vorkriegszeit die Industrieproduktion

[3] „Wirtschaft und Statistik", lfd., zuletzt Heft 6/63, S. 379.

[4] Statistisches Jahrbuch für die Bundesrepublik Deutschland, 1962, S. 571.

[5] „Wirtschaft und Statistik", Heft 4, S. 200.

sogar verdreifacht werden. Stärkere Zunahme der Beschäftigung und weitestgehender Abbau der Arbeitslosigkeit, bis zum Mangel an Arbeitskräften, waren die Folgen.

Der relativ geschlossen und konsequent geführte Lohnkampf der Arbeiter in Westdeutschland fand und findet einen starken Rückhalt in der Nähe des sozialistischen Lagers, im sozialistischen Beispiel. Die positiven Resultate konnten mit einer relativ geringen Streiktätigkeit erzielt werden.

Zur Gesamteinschätzung der Reallohnentwicklung in Westdeutschland ist noch zu bemerken, daß es sich lediglich um einen Prozeß des annähernden Aufholens eines mehr oder weniger starken Rückstandes gegenüber den anderen entwickelten kapitalistischen Ländern handelte. Nach wie vor liegen die Reallöhne zumindest in England, der Schweiz, in Schweden, Dänemark, in Kanada und Australien, ganz zu schweigen von den USA, noch höher, teilweise viel höher als in Westdeutschland. Das Typische für die westdeutsche Nachkriegsentwicklung ist der merkliche Konkurrenzvorteil in bezug auf die Lohnkosten gegenüber den meisten kapitalistischen Industrieländern.

Angesichts der großen materiellen Verluste der deutschen Arbeiterklasse durch den Krieg und die Kriegsfolgen — von allen anderen Opfern soll hier abgesehen werden, — angesichts weiterhin der maßlosen Intensivierung der Arbeit, muß man feststellen, daß die erreichten Reallohnsteigerungen keineswegs über das lebensnotwendige Maß hinausgegangen sind. In zahlreichen Fällen reichen auch die gestiegenen Reallöhne nicht aus, um die Arbeitskraft unter den heute in Westdeutschland herrschenden Bedingungen zu reproduzieren. Wachsende Frühinvalidität, Steigen der Arbeitsunfälle und der Berufskrankheiten sind dafür ein beredtes Zeugnis.

Nur im Zusammenhang mit den sehr niedrigen Löhnen in Deutschland während der vorangegangenen Jahrzehnte kann man zu einer richtigen Einschätzung der jüngsten Entwicklung in Westdeutschland kommen. Die relativ schnelle Reallohnsteigerung der letzten Jahre kann die tiefen Einbrüche seit 1913 kaum ausgleichen. Selbst wenn wir nur die jeweils erreichten Maximal der Reallöhne miteinander verbinden, so erhalten wir seit 1913 eine Entwicklung, die durch eine durchschnittliche Reallohnsteigerung von weniger als einem Prozent pro Jahr gekennzeichnet ist, wobei wir noch dazu von allen Reallohnrückgängen absehen. Insgesamt gesehen bietet also die Entwicklung in den letzten fünfzig Jahren ein mehr als klägliches Bild; es bestätigt unsere allgemeinen Erkenntnisse von der historischen Überlebtheit der kapitalistischen Produktionsweise.

Vergleichen wir nun die Reallohnentwicklung mit der der Arbeitsproduktivität. Obgleich die vorliegenden Angaben über die langfristige Entwicklung der Arbeitsproduktivität sehr lückenhaft sind und dadurch beeinträchtigt werden, daß sowohl die Steigerung der Arbeitsintensität als auch die wechselnde Kapazitätsauslastung darin ihren Niederschlag finden, weisen doch alle unsere Kenntnisse und Erfahrungen daraufhin, daß die Steigerung der Arbeitsproduktivität seit der industriellen Revolution im vorigen Jahrhundert wesentlich, ja um ein Vielfaches schneller war als die Entwicklung der Reallöhne.

Karl Marx berichtet über die Entwicklung der Arbeitsproduktivität in der Zeit der industriellen Revolution in England, in der Zeit von 1770 bis 1840:

> „In der englischen Gesellschaft hat somit der Arbeitstag in den siebzig Jahren einen Überschuß von 2700 Prozent an Produktivität gewonnen, d. h., im Jahre 1840 produzierte er siebenundzwanzigmal mehr als 1770. Nach Herrn Proudhon

müßte man die Frage folgendermaßen stellen: Warum war der englische Arbeiter von 1840 nicht siebenundzwanzigmal reicher als der von 1770? Um eine solche Frage zu stellen, muß man natürlich voraussetzen, daß die Engländer diesen Reichtum ohne die historischen Bedingungen hätten produzieren können, wie: Anhäufung von Privatkapitalien, moderne Arbeitsteilung, Maschinenbetrieb, anarchische Konkurrenz, Lohnsystem, mit einem Wort lauter Dinge, die auf dem Klassengegensatz beruhen ..." [6].

Auch Einzelbeispiele bestätigen, daß in bezug auf die Steigerung der Arbeitsproduktivität mit einer ganz anderen Größenordnung zu rechnen ist, als wir sie bei der Betrachtung der Reallohnentwicklung kennenlernten. So produzierte ein Arbeiter mit der vervollkommneten Spinnmaschine „Jenny" gegen Ende des 18. Jahrhunderts bereits das 200fache wie vordem; in der gleichen Zeit stieg die Leistung mechanischer Webstühle auf die von 40 Handwebern, nachdem sich ihre Produktivität bereits vorher durch die Einführung der Schnellschütze verdoppelt hatte. Ähnliche Fälle sehr stürmischer Steigerung der Arbeitsproduktivität sind gegenwärtig in den zahlreichen Automatisierungsbeispielen zu finden.

Eine Vorstellung über die durchschnittliche Steigerung der Arbeitsproduktivität vermitteln uns u. a. Zahlen aus Frankreich. Die Steigerung der Arbeitsproduktivität wird hier für den Zeitraum von 1840 bis 1940 auf durchschnittlich drei Prozent pro Jahr geschätzt. Das entspricht einer Erhöhung auf das Neunzehnfache im Verlaufe eines Jahrhunderts. Wenn wir berücksichtigen, daß sich das Produktionsergebnis je Arbeiterstunde auch in Frankreich in den Jahren der Nachkriegskonjunktur noch einmal rund verdoppelt hat, so kommt man zu dem Resultat, daß heute dort die Arbeitsproduktivität nahezu das Vierzigfache des Standes von 1840 beträgt. Annähernd in der gleichen Größenordnung bewegen sich die Zahlen über die Steigerung der Arbeitsproduktivität in Deutschland.

Nach Berechnungen von JEAN FOURASTIÉ[7] stieg das Produktionsergebnis je Arbeiterstunde in der verarbeitenden Industrie der USA von 1869 = 100 auf 515 im Jahre 1939. Seitdem hat es sich ebenfalls mehr als verdoppelt, es hat also heute mehr als die elffache Höhe des Standes von 1869. Ergänzt sei noch ein Beispiel aus der Agrarproduktion. Während um 1800 die erforderliche Arbeitszeit zur Produktion eines Doppelzentners Weizen in den wichtigsten kapitalistischen Ländern annähernd gleich war und bei 250 Stunden lag, liegt sie heute in den USA bei etwa 14 Stunden, die Arbeitsproduktivität hat sich hier also verzehnfacht. In Frankreich beträgt sie durchschnittlich 33 Stunden, was einer Steigerung der Arbeitsproduktivität auf rund das Siebenfache entspricht. In allen kapitalistischen Ländern führte das Wachstum der Arbeitsproduktivität in der Landwirtschaft zu einem sehr schnellen, nicht nur relativen, sondern meistens auch absoluten Rückgang der Agrarbevölkerung. Im allgemeinen kann man die Steigerung der Arbeitsproduktivität gegenüber der ersten Hälfte des vorigen Jahrhunderts auf mindestens das Sechsfache schätzen. Dabei ist zu

[6] KARL MARX, Das Elend der Philosophie, in MARX-ENGELS, Werke, Bd. 4, S. 122.

[7] JEAN FOURASTIÉ, Die statistische Messung der verschiedenen materiellen Aspekte des wirtschaftlichen Fortschritts, in „Zeitschrift für Nationalökonomie", Wien 1955, Bd. XV, Heft 1—2, S. 21—27. Angaben über die langfristige Entwicklung der Arbeitsproduktivität siehe auch bei MAX PIETSCH, Die industrielle Revolution, HERDER Bücherei Bd. 93, Freiburg 1961.

berücksichtigen, daß gerade in der bisher in dieser Beziehung relativ zurückgebliebenen kapitalistischen Landwirtschaft in der letzten Zeit eine beschleunigte Technisierung vonstatten geht.

Wenn wir die bisherigen Resultate zusammenfassen, so kommen wir zu der Feststellung, daß die Steigerung der Arbeitsproduktivität das Wachsen des Reallohns der Arbeiter nicht nur ausgeglichen, sondern bei weitem überschritten hat. Den etwa verdreifachten Reallöhnen gegenüber dem Tiefpunkt im vorigen Jahrhundert steht eine mindestens zehnmal so schnelle Leistungssteigerung gegenüber, d. h. die Ausbeutung der Arbeitskraft ist ganz wesentlich gestiegen. Nach unseren — sicher noch sehr groben — Zahlenangaben ist die Mehrwertrate in den entwickelten kapitalistischen Ländern mindestens auf das Dreifache gegenüber der Mitte des vorigen Jahrhunderts gestiegen. Das ist eine sehr vorsichtige Schätzung, die zudem nur den Durchschnitt betrifft. An diesem Resultat ändert sich auch nichts wesentliches, wenn wir die gleichzeitige Verkürzung der Arbeitszeit berücksichtigen.

KARL MARX schrieb im „Kapital":

> „. . . aber mit der wachsenden Produktivität der Arbeit geht, wie man gesehen, die Verwohlfeilerung des Arbeiters, also wachsende Rate des Mehrwertes, Hand in Hand, selbst wenn der reelle Arbeitslohn steigt. Er steigt nie verhältnismäßig mit der Produktivität der Arbeit." [8]

Unsere wenigen Zahlenangaben genügen vollauf, um zu zeigen, daß in der gesamten historischen Entwicklung diese Feststellung von Marx, daß die Reallöhne im Kapitalismus hinter der Steigerung der Arbeitsproduktivität zurückbleiben, in hohem Maße bestätigt wird. Demgegenüber scheinen jedoch die vorliegenden Zahlen aus jüngster Zeit über die Entwicklung der Reallöhne im Verhältnis zur Steigerung von Arbeitsproduktivität und -intensität, z. B. aus Westdeutschland, der Marxschen Erkenntnis zu widersprechen. Der auf Grund der bürgerlichen Statistik sich ergebenden Reallohnsteigerung in Westdeutschland von 1950 bis zum Frühjahr 1963 um annähernd 80 Prozent, eine u. E. zu hoch ausgewiesene Angabe, steht eine Erhöhung des Produktionsergebnisses je Arbeiter bis zum Jahresdurchschnitt 1962 um 81 Prozent und eine Steigerung des Produktionsergebnisses je Arbeiterstunde um 108 Prozent gegenüber. Die Reallohnsteigerung ist also der der Arbeitsproduktivität zumindest relativ nahegekommen. Ähnliche Relationen ergeben sich auch für England im gleichen Zeitraum.

Daß diese Beispiele einer annähernden Parallelität von Reallöhnen und Arbeitsproduktivität auch heute für den Kapitalismus nicht typisch sind, Ausnahmen darstellen, beweisen die entsprechenden Angaben aus den meisten übrigen entwickelten kapitalistischen Ländern, so z. B. die aus Frankreich und den USA. Die MARXsche Feststellung hat zu keinen Zeiten ausgeschlossen, daß in einzelnen Ländern für einige Jahre, noch öfter in einzelnen kapitalistischen Unternehmungen, die Lohnsteigerungen die der Arbeitsproduktivität gleichkommen konnten. Wir haben schon auf die konkreten Faktoren hingewiesen, die gerade in den Nachkriegsjahren, besonders in Westdeutschland, die Lohnentwicklung vorantreiben mußten. Derartige konkrete, spezifische und nur zeitweise wirksamen Bedingungen dürfen nicht mit der bleibenden und wesentlichen Wirkung ökonomischer Gesetze vermengt werden.

[8] KARL MARX, Das Kapital, Bd. 1, S. 635.

Bürgerliche Ökonomen glauben hieraus einen gesetzmäßigen Zusammenhang zwischen Lohn und Arbeitsproduktivität ableiten zu können, und zwar in dem Sinne, daß der Lohn durch die Produktivitätsentwicklung innerlich bestimmt sei, daß die Möglichkeiten der Gewerkschaften dementsprechend gering sind, die Löhne zu beeinflussen, und tatsächlich für die bisherigen Lohnsteigerungen viel weniger als die Steigerung der Arbeitsproduktivität verantwortlich zu machen seien. Worauf diese Anschauungen hinauslaufen bedarf kaum eines Kommentars, sie münden in der Losung, daß dem Arbeiter nichts anderes übrig bleibe als sein Möglichstes zur Steigerung von Produktion und Arbeitsproduktivität beizutragen, die Löhne würden dann — gewissermaßen automatisch — hinterherklettern.

So heißt es in einem Artikel des „Volkswirtes" über die sog. Lohnwellen:

> „Es wird sich zeigen, daß es hier ganz charakteristische Wechselwirkungen gibt, die den Lohn in einem weit höheren Maße, als gemeinhin angenommen wird, als eine ökonomisch bestimmte Größe erscheinen läßt." [9]

Sie begründen dies damit, daß die Phasen besonders schnellen wirtschaftlichen Wachstums in Westdeutschland, nämlich die Jahre 1954—56 und 1959 bis 1961, auch mit den relativ stärksten Lohnsteigerungen verbunden waren. In dem Zusammenhang müssen sie allerdings auch zugeben, daß die Profite schneller gestiegen seien, und daher die Löhne doch wohl kaum für Preissteigerungen verantwortlich gemacht werden könnten.

Auch E. BANDHOLZ betont einen engen Zusammenhang zwischen der Lohnentwicklung und der der Arbeitsproduktivität im Kapitalismus[10]. Er schreibt:

> „Die weitere Frage, ob die Produktivität der Arbeit der Faktor ist, der einen steigenden Reallohn in erster Linie bestimmt, ist für die Verhältnisse in England eindeutig zu bejahen . . ."

Wir hatten schon darauf hingewiesen, daß in den Nachkriegsjahren tatsächlich in England Löhne und Arbeitsproduktivität etwa im gleichen Tempo stiegen. In bezug auf die Verhältnisse in Deutschland schreibt BANDHOLZ weiter:

> „Der Zusammenhang zwischen der industriellen Entwicklung und der Erhöhung der Reallöhne ist offenbar. Es fragt sich jedoch, ob die Reallöhne mit der Produktivität im ausreichenden Maße gestiegen sind. In der Tat stimmen die durchschnittlichen realen Stundenverdienste in jedem einzelnen Jahr von 1950 bis 1958 mit dem Zuwachs der Arbeitsproduktivität fast völlig überein . . .
>
> Das Ausmaß der Übereinstimmung zwischen den Realverdiensten und der Arbeitsproduktivität für die gesamte Industrie erscheint geradezu frappierend, aber auch in diesem Fall faßt die Durchschnittsberechnung unterschiedliche Entwicklungslinien zusammen, wie die Aufgliederung nach Industriezweigen zeigt..."
>
> Er beschließt diesen Abschnitt mit den Worten:
>
> „Fragen wir uns am Ende, welchen Einfluß die Gewerkschaften auf das Verhältnis der Nominal- zu den Reallöhnen genommen haben, dann gelangen wir zu dem Ergebnis, daß ihr Einfluß relativ gering war. Nur in Krisenzeiten, aus der Defensive heraus, konnten sie durch die Behauptung des bisherigen Nominallohnes einen gewissen Einfluß auch auf den Reallohn ausüben. In Zeiten des Aufschwungs dagegen diente ihnen die Produktivitätssteigerung als Richtmaß für

[9] „Volkswirt" 1962, Heft 51/52, S. 43 ff.

[10] E. BANDHOLZ, a. a. O., S. 131, 139—142.

die Erhöhung ihrer Lohnsätze und nur über diesem Umweg konnten sie in gewissem Umfange das Niveau der Reallöhne erhöhen.

In der Umverteilung der Einkommen, der Beschränkung der Kapitaleinkommen zugunsten der Arbeitseinkommen — eine Forderung, die in früheren Jahren in der Gewerkschaftsbewegung eine große programmatische Bedeutung hatte — sind die Gewerkschaften bis in die Gegenwart nicht einen Schritt vorangekommen, obgleich sie zur Erreichung dieses Zieles große Anstrengungen gemacht haben."

Auch in diesen Ausführungen offenbaren sich neue Erscheinungen, die das veränderte Kräfteverhältnis in der Welt zum Ausdruck bringen. Daß die Reallöhne heute relativ der Arbeitsproduktivität folgen können, daß selbst das Ziel aktuell geworden ist, die Löhne im Kapitalismus an die Steigerung der Arbeitsproduktivität zu binden, ist etwas Neues, ist ein nicht für die ganze kapitalistische Entwicklung zu verallgemeinerndes, sondern nur auf die jüngste Entwicklung anwendbares Ergebnis gerade der von Bandholz so gering eingeschätzten gestiegenen Kraft der Arbeiter in ihren Gewerkschaften. Ganz im Gegensatz zu BANDHOLZ' Bemerkungen zur Rolle der Gewerkschaften bestätigt die letzte Entwicklung die überragende Bedeutung des Lohnkampfes als wichtigster Faktor, das kapitalistische Lohngesetz insofern zur Geltung zu bringen, daß er zumindest die Kluft zwischen Preis und Wert der Ware Arbeitskraft vermindert. Daß in der Vergangenheit die Löhne weit davon entfernt waren, über große Etappen der Steigerung der Arbeitsproduktivität zu folgen, haben wir gesehen. Wir wissen aber auch, daß schon zu Zeiten von MARX und ENGELS der gut organisierte Teil der Arbeiterklasse, wie der in der englischen Trade-Unions organisierte, ebenfalls bedeutend bessere Lohnbedingungen erkämpfen konnte als die nichtorganisierte Masse. Auch heute bestätigen Lohndifferenzierungen innerhalb eines Landes, selbst innerhalb eines Berufes, bzw. die internationalen Lohnunterschiede u. a. auch die große Bedeutung des Lohnkampfes. An einem automatischen Zusammenhang zwischen der Entwicklung der Arbeitsproduktivität und der der Löhne ist nirgends zu denken.

Was die Resultate von BANDHOLZ anbetrifft, so muß hier beachtet werden, daß sich die kapitalistische Wirtschaft in dem von ihm vor allen Dingen für seine Argumentation herangezogenen Zeiträumen in einer mehr oder weniger günstigen Situation wirtschaftlichen Wachstums befand. Verallgemeinerungen müssen jedoch unbedingt längere Zeiträume und deren durchschnittlichen Resultate zur Grundlage haben. Es liegt auf der Hand, daß, wenn überhaupt, so gerade in der Konjunktur eine gewisse Parallelität von Arbeitsproduktivität und Lohn zustande kommen kann. Eine entwickelte Arbeiterbewegung, die es versteht, ihre Rechte wenigstens annähernd den ökonomischen Möglichkeiten entsprechend wahrzunehmen, vorausgesetzt, werden in der Konjunktur Lohnsteigerungen die Regel sein. In der Krise dagegen, auch in Zeiten wirtschaftlicher Stagnation, steigen die Löhne im allgemeinen überhaupt nicht, oft kann nicht einmal das Sinken aufgehalten werden, ganz abgesehen von den riesigen Lohneinbußen, die die Arbeiterklasse durch Arbeitslosigkeit erleidet.

Wenn in der Konjunktur selbst in den einzelnen Jahren die Zuwachsraten von Arbeitsproduktivität und Lohn eine gewisse Übereinstimmung zeigen, muß dies zu einem beträchtlichen Teil auf die mit der Kapazitätsausnutzung wechselnden Verdienstmöglichkeiten in den kapitalistischen Betrieben zurückgeführt werden. Selbst ohne Tariflohnerhöhungen steigen die statistisch ausgewiesenen durchschnittlichen Effektivlöhne in Jahren optimaler Kapazitätsauslastung allein durch den Rückgang von Kurzarbeit, durch zunehmende Überstunden, durch das aus diesen oder jenen Gründen vermehrte Auftreten von Fällen, für die Lohnzuschläge vorgesehen sind. Weiterhin können unter diesen Bedingungen die modernen Antreiber- und Anreizlohnsysteme sich voll auswirken, wobei eine sehr große Intensivierung der Arbeit und die damit überdurchschnittlichen Leistungen eines Teils der Arbeiter mit steigenden Akkordlöhnenabgegolten werden. Alle diese Faktoren werden um so wirksamer, je geringer die Arbeitslosigkeit ist, noch mehr, wenn sogar ein Mangel an bestimmten Arbeitern besteht. Dies alles trifft auf Westdeutschland zu und erklärt das Bild relativ großer Übereinstimmung der Steigerungsraten gerade der Effektivlöhne — weniger der Tariflöhne — mit denen der Produktion und des Produktionsergebnisses je Arbeiterstunde. Zum anderen aber — und auch das wurde schon betont — bieten natürlich gerade diese Jahre beschleunigten Wachstums die besten Voraussetzungen erfolgreicher Lohnkämpfe, der Durchsetzung neuer Tarifverträge. Während die zeitweiligen, durch eine zusätzliche, of unmäßige Kräfteverausgabung errungene Verdienststeigerung, wie sie oben geschildert wurde, wieder verschwindet, zählen auf die Dauer nur die wirklich erkämpften und in Tarifverträgen fixierten Erfolge.

Daneben klingen aber auch Gedanken bei den bürgerlichen Ökonomen an, so auch bei BANDHOLZ, die richtig sind oder zumindest einen wahren Kern haben. Daß tatsächlich — wenn auch anders, als es z. B. Bandholz meint — ein innerer gesetzmäßiger Zusammenhang zwischen der Steigerung der Arbeitsproduktivität und der des Wertes der Arbeitskraft, und über diesen auch mit dem Lohn besteht, kann nicht bestritten werden. Es ist auch offensichtlich, daß die Reallohnerhöhung in der Geschichte des Kapitalismus in der Steigerung der Arbeitsproduktivität eine im Durchschnitt nicht überwundene Schranke gesetzt worden war.

Auch in der weiteren Entwicklung des Kapitalismus wird im wesentlichen die Möglichkeit weiterer Lohnsteigerungen durch die Erhöhung der Arbeitsproduktivität begrenzt bleiben, die gesetzmäßige Bir dung des Lohnes an den Wert der Arbeitskraft vorausgesetzt. Dies aus folgenden Gründen:

Ganz allgemein ist immer die Verteilung von der Produktion abhängig. Die Lohnsteigerung, also die Steigerung des Einkommens pro Kopf, kann daher auf die Dauer nicht wesentlich über die Erhöhung der Arbeitsproduktivität hinausgehen. Die Steigerung der individuellen Konsumtion breiter Volksschichten muß natürlich ihre letzte Schranke in der Produktion und den Produktionsmöglichkeiten finden. Wir werden später sehen, daß der Kapitalismus allerdings weit davon entfernt ist, den tatsächlichen Umfang der Konsumtion den vorhandenen Möglichkeiten auch nur anzunähern.

Im Kapitalismus sind der Ausdehnung des Massenkonsums objektive Schranken gesetzt durch das kapitalistische Grundgesetz, durch das Mehrwertgesetz. Eine schnellere Steigerung der Reallöhne als der Profite — oder, was auf das gleiche hinausläuft der Arbeitsproduktivität — würde zu einer Senkung der Mehrwertrate führen. Der wichtigste dem tendenziellen Fall der Profitrate entgegenwirkende Faktor wäre aufgehoben und ein beschleunigter tendenzieller Fall der Profitrate würde sich durchsetzen. Sinkende Mehrwert- und damit letzten Endes auch sinkende Profitraten würden die für die kapitalistische Produktionsweise notwendige erweiterte Reproduktion gefährden und letzten Endes ausschließen. Diese Gesetzmäßigkeit führt dazu, daß die Bindung des Lohnes an den Wert der Ware Arbeitskraft erhalten bleiben muß, daß die Löhne immer wieder auf das zur Reproduktion der Arbeitskraft erforderliche Maß bzw. darunter gedrückt werden. Konkret setzt sich dieses Gesetz auf dem Wege durch, daß sinkende Profite und Profiterwartungen zu Einschränkungen in der Investitionstätigkeit und zu verstärktem Kapitalexport, damit zu Beschäftigungsrückgang und Arbeitslosigkeit führen, woraus sich Lohneinbußen und verstärkter Druck auf die Beschäftigten ergibt und sie zu erhöhter Verausgabung ihrer Arbeitskraft zwingt.

Es wäre jedoch völlig falsch, aus dem Gesagten irgendwelche fatalistischen Schlußfolgerungen für den Lohnkampf der Arbeiter im Kapitalismus abzuleiten. Die Geschichte hat bewiesen und beweist es jeden Tag aufs Neue, daß auch der für den Arbeiter im Kapitalismus erreichbare Lohn nur durch einen konsequenten Lohnkampf erzielt wird, daß die Durchsetzung des kapitalistischen Lohngesetzes den Klassenkampf voraussetzt und einschließt. Eine Reihe gegenwärtiger konkreter Erscheinungen in den kapitalistischen, insbesondere den führenden imperialistischen Ländern zeigen, daß Lohnforderungen, die in einzelnen Fällen selbst über die Steigerung der Arbeitsproduktivität hinausgehen, durchaus berechtigt und ökonomisch real sind. Wenn die Lohnerhöhung in der der Arbeitsproduktivität auch ihre letzte und allgemeine Schranke findet, so schließt dies in konkreten Fällen und zeitweise keineswegs aus, daß die Löhne die Produktivitätsentwicklung übertreffen, ja, übertreffen müssen, wenn die Reproduktion der Arbeitskraft möglich sein soll. Im einzelnen weisen darauf folgende Umstände hin:

1. Die verbreitete und sich seit dem Beginn der allgemeinen Krise besonders in den kriegführenden imperialistischen Ländern verstärkte Unterbezahlung der Arbeitskraft muß ausgeglichen werden. Sollte bei der Verfolgung dieses Zieles der Lohn zeitweise schneller wachsen als die Arbeitsproduktivität, so bedeutet dies nichts anderes, als daß die zurückliegende besonders krasse Ausbeutung, die besonders große Diskrepanz zwischen der Produktivitäts- und der Lohnentwicklung zuungunsten der Arbeiter jetzt schrittweise beseitigt wird, daß also der Lohnkampf zu einer normalen Durchsetzung des kapitalistischen Lohngesetzes führt.

2. Ohne die Möglichkeiten der erweiterten kapitalistischen Reproduktion einzuengen ist in den meisten kapitalistischen Ländern ein schnelleres Wachstum der Löhne gegenüber der Arbeitsproduktivität heute möglich, da ein sehr großer Teil der Profite keineswegs für eine den Interessen der Menschheit dienende Ausdehnung der Produktion benutzt wird, sondern parasitär vergeudet und direkt vernichtet wird. Unter den Bedingungen des staatsmonopolistischen Kapitalismus gelangt ein wachsender Teil des Mehrwertes in die Verfügung des monopolistischen Staatsapparates und wird für eine sinnlos aufgeblähte Rüstung vertan. Verschuldung des Staates, Geldentwertung und andere Formen wirtschaftlicher Zerrüttung sind die Folgen. Wenn man bedenkt, daß z. B. 1961 in Westdeutschland einer Nettolohn- und Gehaltssumme von knapp 112 Mrd. DM nahezu 15 Mrd. DM direkte Rüstungslasten gegenüberstanden, so ergibt sich allein hieraus eine mögliche Lohnsteigerung bei Verzicht auf die verderbenbringende Rüstungspolitik um mindestens 13 Prozent, dabei sind die umfangreichen sonstigen parasitären staatlichen und privaten Ausgaben der herrschenden Monopole nicht einmal berücksichtigt. Eine Umstellung auf friedliche Produktion, eine Durchsetzung der Politik der friedlichen Koexistenz würde dem kapitalistischen Reproduktionsprozeß nicht nur keinen Abbruch tun, sondern ihm im Gegenteil dienlich sein.

3. Es ist weiterhin zu berücksichtigen, daß — wie schon angedeutet — der Kapitalismus nach wie vor sehr weit davon entfernt ist, die materiellen Möglichkeiten einer Steigerung des Massenkonsums auch nur annähernd auszunutzen. Überproduktion, Vernichtung von Warenvorräten, brachliegende Ländereien, Bergwerke und Produktivkräfte aller Art, nichtausgelastete Kapazitäten der vorhandenen Produktionsanlagen auf der einen und Arbeitslose auf der anderen Seite sind typisch. Es sind keine Fälle bekannt, wo steigende Löhne auf die Grenze der kapitalistischen Produktionsmöglichkeiten gestoßen sind, es ist dagegen jederzeit so, daß die Produktion und die Steigerung der Produktivität auf die Schranken der begrenzten zahlungsfähigen Nachfrage stoßen. Lohnsteigerungen, auch wenn sie zeitweilig die Produktivitätsentwicklung überschreiten, sind viel eher dazu angetan, zu einer Triebkraft weiterer konjunktureller Ausdehnung der kapitalistischen Produktion zu werden, als sie diese hemmen könnten.

4. Häufig wird das Argument von Kapitalisten angeführt, die Lohnsteigerungen würden zur Untergrabung der Konkurrenzfähigkeit auf dem Außenmarkt führen, besonders wenn diese Lohnsteigerungen nicht durch eine entsprechende oder schnellere Steigerung der Arbeitsproduktivität ausgeglichen werden. Natürlich trifft dies von einer bestimmten Grenze an zu. Aber gerade die westdeutsche Wirtschaft ist von dieser Grenze noch sehr weit entfernt. So hat zum Beispiel das Deutsche Wirtschaftsinstitut[11] überzeugend nachgewiesen, daß die für die Konkurrenzfähigkeit auf dem Weltmarkt wichtigen Anteile der Lohnkosten an den Preisen der Produkte nicht nur im allgemeinen trotz der Lohnsteigerungen zurückgegangen sind, sondern daß Westdeutschland auch in dieser Hinsicht vergleichsweise günstig dasteht. Im Vergleich z. B. zu den USA, England und Frankreich ist in Westdeutschland der Anteil der Lohn- und Gehaltssumme am Nationaleinkommen noch merklich geringer. Hören wir dazu einen bürgerlichen Ökonomen, E. BANDHOLZ:

> „Im Vergleich zu den Vereinigten Staaten und England liegt der Prozentanteil der Löhne und Gehälter am Volkseinkommen in der Bundesrepublik unverhältnismäßig niedrig und bringt damit gleichzeitig zum Ausdruck, daß die Teilung zwischen Arbeitseinkommen und Kapitaleinkommen ungünstiger ist als in den beiden vorgenannten Ländern.[12]

Zwar ist die Lohnquote in den vergangenen Jahren geringfügig gestiegen. Aber welche Bedeutung das hat, das schätzt der Kollege Köpping, Sekretär der IG Bergbau und Energie im DGB, durchaus richtig ein, wenn er schreibt:

> „Die Verbesserungen in der Lebenslage der Arbeitnehmer gehen nicht zurück auf eine Einkommensübertragung oder Vermögensübertragung von den Unternehmern/Aktionären auf die Arbeitnehmer — sie haben ihre Quelle in der gewaltig erhöhten Produktivkraft unserer Wirtschaft. In der Tat wurden die Reichen noch schneller reicher. Die Lohnquote erhöhte sich in den letzten Jahren von rund 59 vH auf rund 62 vH (1962). Das ist ein Erfolg, das versteht sich durchaus nicht von selbst, das wurde von den Gewerkschaften ertrotzt. Aber dieser Erfolg verliert manches von seinem Glanz, wenn man ihn in Beziehung setzt zu den soziologischen Umschichtungen, die in unserer Gesellschaft vor sich gegangen sind: Seit 1950 hat sich die Zahl der Selbständigen einschließlich der mithelfenden An-

[11] Berichte des Deutschen Wirtschaftsinstituts, Berlin, Bericht 3/1963.
[12] E. BANDHOLZ, a. a. O., S. 141 f.

gehörigen um rund 10 vH verringert, während die Zahl der Arbeitnehmer um mehr als 40 vH gestiegen ist. Hätte sich die Einkommensverteilung parallel zu dieser Umschichtung entwickelt, dann müßte die Lohnquote inzwischen auf rund 70 vH gestiegen sein." [13]

Wie wir sehen, sind gerade in Westdeutschland die günstigsten materiellen Voraussetzungen und Möglichkeiten weiterer kräftiger Lohnsteigerungen vorhanden.

5. Schließlich muß berücksichtigt werden, daß die kapitalistische Reproduktion im Krisenzyklus verläuft. Sollte eine Lohnentwicklung durchgesetzt werden, durch welche die Reproduktion der Arbeitskraft auf die Dauer gesichert werden soll, so setzt dies geradezu voraus, daß in den Zeiten der Konjunktur die Lohnerhöhungen die Steigerung der Arbeitsproduktivität sogar übertreffen. Nur so können Lohneinbußen, die Stagnation, Krise und Arbeitslosigkeit mit sich bringen, wenigstens annähernd ausgeglichen werden. Gerade die Betrachtung des Krisenzyklus zeigt anschaulich, warum eine Koppelung der Löhne an die Entwicklung der Arbeitsproduktivität im Kapitalismus abgelehnt werden muß.

Wenden wir uns abschließend noch dem Problem des Zusammenhanges zwischen der Entwicklung der Arbeitsproduktivität und der des Wertes der Ware Arbeitskraft zu, bildet doch der Wert der Ware Arbeitskraft die Grundlage für den kapitalistischen Arbeitslohn. Das Wesen des Wertes der Arbeitskraft und damit auch die Faktoren, die seine Entwicklung beeinflussen, wurden von den Klassikern des Marxismus-Leninismus analysiert. MARX schrieb im „Kapital":

„. . . der *Wert der Arbeitskraft* ist der *Wert* der zur Erhaltung ihres Besitzers *notwendigen Lebensmittel.*"

Anschließend erläutert MARX, welche Lebensmittel zu den notwendigen zu zählen sind und wovon es abhängt, ob diese oder jene Güter in dieser oder jener Menge zur Reproduktion der Arbeitskraft objektiv notwendig sind: „Die Summe der Lebensmittel muß also hinreichen, das arbeitende Individuum als arbeitendes Individuum in seinem normalen Lebenszustand zu erhalten. Die natürlichen Bedürfnisse selbst, wie Nahrung, Kleidung, Heizung, Wohnung usw. sind verschieden je nach den klimatischen und anderen natürlichen Eigentümlichkeiten eines Landes. Andererseits ist der *Umfang sog. notwendiger Bedürfnisse,* wie die Art ihrer Befriedigung, selbst ein *historisches Produkt* und hängt daher großenteils von der Kulturstufe eines Landes, unter anderem auch wesentlich davon ab, unter welchen Bedingungen, und daher mit welchen Gewohnheiten und Lebensansprüchen die Klasse der freien Arbeiter sich gebildet hat. Im Gegensatz zu den andren Waren enthält also die Wertbestimmung der Arbeitskraft ein historisches und moralisches Element. Für ein bestimmtes Land, in einer bestimmten Periode jedoch, ist der Durchschnitts-Umkreis der *notwendigen Lebensmittel* gegeben." Desweiteren müßten auch die zur Erhaltung der Arbeiterfamilie und die zur Qualifizierung erforderlichen Güter in diesen Kreis der notwendigen Lebensmittel eingeschlossen werden.[14]

[13] „Welt der Arbeit" v. 2. 8. 1963, S. 4.
[14] KARL MARX, Das Kapital, Bd. 1, S. 178 ff.

MARX beschließt diesen Gedankengang wie folgt:

„Der *Wert der Arbeitskraft* löst sich auf in den *Wert einer bestimmten Summe* von Lebensmitteln. Er *wechselt* daher auch mit dem Wert dieser Lebensmittel, d. h. der Größe der zu ihrer Produktion erheischten Arbeitszeit."

Wir sind diesem bekannten Gedankengang von MARX noch einmal so ausführlich gefolgt, um einen Umstand zu verdeutlichen, der nicht immer mit der erforderlichen Klarheit behandelt wird: Der notwendige Reproduktionsfonds, oder besser Reproduktionsaufwand der Arbeitskraft stellt sich doppelt dar, einmal als eine bestimmte Menge von Gebrauchswerten, eine Summe von Lebensmitteln, zum anderen als eine bestimmte Wertgröße. Diese Unterscheidung ist zur Klärung der Frage nach dem Einfluß der Produktivitätssteigerung sowohl auf die Entwicklung des Wertes der Arbeitskraft als auch auf die Lohnentwicklung eine unbedingt erforderliche Voraussetzung. Die Steigerung der Arbeitsproduktivität wirkt nämlich sehr unterschiedlich, im wesentlichen direkt entgegengesetzt, auf diese beiden Seiten des Reproduktionsaufwandes der Arbeitskraft ein. Während nämlich die Erhöhung der Produktivität der Arbeit als ein entscheidender Ausdruck der Weiterentwicklung der Produktivkräfte eine wesentliche Grundlage dafür ist, daß das historische und moralische Element der Wertbestimmung stärker ins Gewicht fällt und bewirkt, daß der Kreis der zur Reproduktion der Arbeitskraft erforderlichen Güter *erweitert* wird, wird deren *Wert* zugleich *vermindert*, d. h. die zur Produktion dieser vermehrten Gütermenge notwendige Arbeitszeit sinkt.

Analog finden wir diese Verdoppelung — auch die ihrer Entwicklungstendenzen — im Lohn. Als Reallohn ist er eine Gebrauchswertkategorie und bringt zum Ausdruck, wieviel und welche Lebensmittel im weitesten Sinne sowie Dienstleistungen in den Konsum des Arbeiters eingehen können, was er sich für seinen Lohn kaufen kann. Der Reallohn hat über längere Zeiträume eine steigende Tendenz. Andererseits ist aber der Lohn als Preis, als Geldausdruck des Wertes der Ware Arbeitskraft eine Wertkategorie, er repräsentiert in jedem Moment eine bestimmte Wertgröße, oder, was dasselbe ist, eine bestimmte Menge gesellschaftlicher Durchschnittsarbeit, gemessen in Zeit. Der Lohn in diesem — grundlegenden — Sinn sinkt mit dem Sinken des Wertes der Arbeitskraft. Die eigentümliche Schwierigkeit bei der Betrachtung des Einflusses der Steigerung der Arbeitsproduktivität auf die Lohnentwicklung besteht nun darin, daß beide Bewegungen gleichzeitig stattfinden, d. h. daß steigende Reallöhne zugleich eine sinkende Menge Wertsubstanz enthalten können, oder, anders ausgedrückt, daß dank der gestiegenen Arbeitsproduktivität ein Arbeiter, sagen wir heute in Westdeutschland in zwei Stunden notwendiger Arbeitszeit mehr Gebrauchswerte schafft als angenommen 1950 in vier Stunden.

Es sei nur am Rande bemerkt, daß an der Oberfläche nur die eine Bewegung sichtbar wird, nämlich die steigender Reallöhne, während die trotzdem zuungunsten des Arbeiters veränderte Teilung des Arbeitstages in notwendige und Mehrarbeitszeit verdeckt bleibt. Diese Verschleierung gestiegener Ausbeutung wird noch dadurch auf die Spitze getrieben, daß der Wert als ein gesellschaftliches Verhältnis überhaupt nicht sinnlich wahrnehmbar ist, daß der Lohn als Wertkategorie uns nur im Nominallohn entgegentritt, also in einer Preiskategorie. Dieser Nominallohn nun steigt meistens schneller als der Reallohn.

Während die Erkenntnis, daß eine auch die konsumgüterproduzierenden Zweige erfassende Erhöhung der Arbeitsproduktivität zu einer Senkung des

Wertes der Ware Arbeitskraft führt, unumstritten ist, gibt es Meinungsverschiedenheiten darüber, in welchem Maße diese Senkung ausgeglichen, evtl. mehr als ausgeglichen werden kann und wird. Dieser Ausgleich erfolgt bis zu einem gewissen Grade durch die Zunahme der zur Reproduktion erforderlichen Menge an Lebensmitteln, wie sie einmal durch das wachsende Gewicht des historischen und moralischen Elementes, zum anderen durch die steigende Arbeitsintensität hervorgerufen werden. Beide Faktoren, die auf eine steigende Tendenz des erforderlichen Reproduktionsbedarfes hinwirken, sind eng mit der wachsenden Arbeitsproduktivität verbunden.

Mit Recht kamen die Teilnehmer des im August 1962 in Moskau stattgefundenen Meinungsaustausches zu dem Ergebnis,

> „. . . daß die richtige, wissenschaftliche Behandlung der Probleme — Lage und Kampf der Arbeiterklasse — in der gegenwärtigen Etappe der allgemeinen Krise des Kapitalismus nur unter Berücksichtigung des gewaltigen Einflusses möglich ist, den das sozialistische Lager auf die Prozesse innerhalb der bürgerlichen Gesellschaft ausübt." [15]

Ohne Zweifel kann dieser Einfluß kaum überschätzt werden. Schon Marx, Engels und Lenin maßen den Auswirkungen des proletarischen Klassenkampfes auf die konkrete Wirkungsweise der ökonomischen Gesetze des Kapitalismus eine überragende Bedeutung bei. Viele ihrer Äußerungen und ihr ganzes praktisches Handeln bestätigen dies. So wies Karl Marx darauf hin, daß die Wirkungsweise des allgemeines Gesetzes der kapitalistischen Akkumulation durch mannigfache Umstände modifiziert werde. Engels lehnte in seinen Bemerkungen zum Erfurter Programm der deutschen Sozialdemokratie die Formulierung von notwendigerweise wachsenden Elend des Proletariats als zu absolut ab, die wachsende Kampfkraft werde möglicherweise dem Elend einen gewissen Damm entgegensetzen. Aus den zahlreichen Beispielen ähnlicher Art sei hier nur noch eins zitiert: In seinem aus dem Jahre 1885 stammenden Artikel „England 1845 und 1885" [16] schätzt Engels die Entwicklung der Lage der Arbeiter in England in dieser Zeit wie folgt ein:

> „Eine dauernde Hebung findet sich nur bei zwei beschützten Abteilungen der Arbeiterklasse. Davon sind die erste die Fabrikarbeiter. Die gesetzliche Feststellung eines wenigstens verhältnismäßig rationellen Normalarbeitstages zu ihren Gunsten hat ihre Körperkonstitution relativ wiederhergestellt und ihnen eine, noch durch ihre lokale Konzentration verstärkte, moralische Überlegenheit gegeben. Ihre Lage ist unzweifelhaft besser als vor 1848 . . .
>
> Zweitens die großen Trade-Unions. Sie sind die Organisationen der Arbeitszweige, in denen die Arbeit *erwachsener* Männer allein anwendbar ist oder doch vorherrscht. Hier ist die Konkurrenz weder der Weiber- noch der Kinderarbeit, noch der Maschinerie bisher imstande gewesen, ihre organisierte Stärke zu brechen. Die Maschinenschlosser, Zimmerleute und Schreiner, Bauarbeiter, sind jeder für sich eine Macht, so sehr, daß sie selbst, wie die Bauarbeiter tun, der Einführung der Maschinerie erfolgreich widerstehen können. Ihre Lage hat sich unzweifelhaft seit 1848 merkwürdig verbessert . . ."

Ihre Kampfkraft, der relativ hohe Grad der Organisiertheit, der wieder in einem engen Zusammenhang zur Konzentration der Arbeiter steht, haben hier

[15] „Probleme des Friedens und des Sozialismus", Heft 12/1962, S. 1056.
[16] Marx-Engels, Werke, Bd. 21, S. 191 f.

über längere Zeiträume die Verbesserung der Lage eines Teils der Arbeiterklasse Englands bewirkt. Auf der anderen Seite aber hat sich — wie ENGELS anschließend bemerkt — das Elend der großen Masse des Proletariats nicht vermindert, wenn nicht sogar verstärkt. Was ENGELS noch für einen relativ geringen Teil der Arbeiterklasse konstatiert — ENGELS bezeichnet diesen Teil als „Aristokratie in der Arbeiterklasse", — wie sehr müssen diese Erscheinungen zunehmen, wenn nicht zeitweise vorherrschend werden in der dritten Etappe der allgemeinen Krise des Kapitalismus? Wie sehr muß z. B. die „moralische Überlegenheit" der Arbeiter wirksam werden angesichts des sozialistischen Beispiels, des Vorhandensein einer weitgehend gewerkschaftlich organisierten Arbeiterklasse und selbst sehr starker kommunistischer Parteien, angesichts der Bedrohung des Kapitalismus überhaupt?

> „Natürlich verändert der Einfluß des Weltsozialismus die Natur des Kapitalismus, den Charakter seiner ökonomischen Gesetze nicht und kann sie garnicht verändern."

So heißt es sehr richtig weiter in dem schon genannten Bericht von der Moskauer Beratung. Ganz besonders muß diese Feststellung unterstrichen werden in bezug auf das kapitalistische Grundgesetz, das Mehrwertgesetz. Ohne Zweifel hat die Ausplünderung der breiten Volksmassen zugenommen, hat sich der Grad der Ausbeutung der Arbeiter erhöht. Auch diese unbedingt richtige, durch Fakten aus allen kapitalistischen Ländern zu beweisende Feststellung wurde mit Recht auf der Moskauer Beratung vom August 1962 immer wieder hervorgehoben. Diese Erkenntnisse stehen jedoch in einem direkten Widerspruch zu folgendem:

> „Die allgemeine Schlußfolgerung der Teilnehmer am Meinungsaustausch ging dahin, daß der Wert der Arbeitskraft in der Nachkriegszeit, vor allem unter der Einwirkung einer gewaltigen Intensivierung der Arbeit, gewachsen ist." [17]

Beide Feststellungen, die steigender Ausbeutung und steigenden Wertes der Arbeitskraft schließen sich unter der Bedingung gleichbleibender, noch mehr unter der sinkender Länge des Arbeitstages gegenseitig aus. Aber gerade das ist in der letzten Zeit in den kapitalistischen Ländern der Fall. Unter diesen Bedingungen wird die Senkung des Wertes der Ware Arbeitskraft über die allgemeine Steigerung der Arbeitsproduktivität und -intensität zur vorherrschenden Methode der Steigerung der Ausbeutung, sie wird direkt zum Hauptinhalt des kapitalistischen Mehrwertgesetzes. MARX analysiert den relativen Mehrwert wie folgt:

> „. . . ein Teil der Arbeitszeit, die der Arbeiter bisher in der Tat für sich selbst verbraucht, verwandelt sich in Arbeitszeit für den Kapitalisten. Was sich verändert, wäre nicht die *Länge des Arbeitstages*, sondern seine *Teilung* in notwendige Arbeit und Mehrarbeit.
>
> Andererseits ist die *Größe der Mehrarbeit* offenbar selbst mit *gegebener Größe des Arbeitstages* und *gegebenem Wert* der Arbeitskraft. Der Wert der Arbeitskraft, d. h. die zu ihrer Produktion erheischte Arbeitszeit, bestimmt die zur Reproduktion ihres Werts notwendige Arbeitszeit . . . mit dem Wert seiner Arbeitskraft ist die *Größe seiner notwendigen Arbeitszeit* gegeben. Die *Größe der Mehrarbeit* aber wird erhalten durch *Subtraktion der notwendigen Arbeitszeit vom Gesamtarbeitstag*." [18]

[17] „Probleme des Friedens und des Sozialismus", Heft 12/1962, S. 1058.
[18] KARL MARX, Das Kapital, Bd. 1, S. 328.

Der Inhalt des Gesetzes von der Produktion des relativen Mehrwertes besteht also gerade darin, durch die Steigerung des Durchschnittsgrades der Produktivität die notwendige Arbeit zu verringern, d. h. den Wert der Arbeitskraft zu senken. Bei tendenziell sinkenden Arbeitszeiten, wie sie sowohl in der Nachkriegskonjunktur als auch über längere Zeiträume hinweg (seit der zweiten Hälfte des vorigen Jahrhunderts) vorhanden sind, kann also eine Steigerung der Ausbeutung im wesentlichen nicht ohne Wertsenkung der Ware Arbeitskraft zustandekommen.

In der genannten Formulierung wird besonders auf die Intensivierung der Arbeit verwiesen als Ursache für die angebliche Erhöhung des Wertes der Ware Arbeitskraft. Hierbei ist jedoch folgendes zu bedenken: Sobald die Erhöhung der Intensität nicht mehr die Ausnahme bleibt, sondern die gesamte Wirtschaft erfaßt, so wird ein neuer, höherer Durchschnittsgrad der Arbeitsintensität zum normalen, gesellschaftlich maßgeblichen und damit die Wertgröße der Waren bestimmenden. D. h. aber, daß damit die Wertgrößen der Waren, damit auch der Ware Arbeitskraft, sinken. Für die Bestimmung der Wertgröße der Waren ist bekanntlich die gesellschaftliche notwendige Arbeitszeit ausschlaggebend, und diese ist ebenso vom Durchschnittsgrad der Arbeitsintensität wie von dem der Arbeitsproduktivität abhängig. In diesem Sinne geht also auch von der Intensivierung der Arbeit eine Tendenz zur Wertminderung der Ware Arbeitskraft aus.

Im Unterschied zur Steigerung der Arbeitsproduktivität führt dagegen die Intensivierung zu einem wachsenden Bedarf an Konsumgütern, notwendig zur Reproduktion der jetzt stärker strapazierten Arbeitskraft. Aber sowohl der Intensivierung als auch der Möglichkeit ihres Ausgleichs durch zusätzliche Lebensmittelzufuhr sind sehr enge physische Schranken gesetzt, werden diese überschritten, so setzt ein Raubbau am Leben des Arbeiters ein, der nicht mehr kompensiert werden kann.

Wir müssen weiterhin beachten, daß der größte Teil der Reproduktionserfordernisse des Arbeiters und seiner Familie durch die Intensivierung der Arbeit kaum oder überhaupt nicht berührt werden. So kaum die Ausgaben für Miete, Heizung, Wohnbedarf, Kleidung, Verkehrsmittel, Qualifikation, kulturelle Bedürfnisse. Die Unterhaltskosten der Familie, die ja Bestandteil des Wertes der Ware Arbeitskraft, bleiben völlig unberührt.

Insgesamt scheint mir, daß der Mehrbedarf der Arbeitskraft infolge der Intensivierung der Arbeit relativ gering ist, daß er zudem mindestens wertmäßig ausgeglichen wird, wenn nicht sogar überkompensiert wird, durch die von der gleichen allgemeinen Intensivierung der Arbeit verursachten Wertsenkung der Waren. Für die Erhöhung des Reproduktionsbedarfs der Arbeitskraft wird vor allen Dingen die Entwicklung des historischen und moralischen Elementes entscheidend, und hier wieder ganz besonders die Erhöhung der Kampfkraft der Arbeiterklasse.

Ein wichtiges Problem, dem wir jetzt begegnen, ist folgendes: Es ist eine allgemein anerkannte Tatsache, daß die Arbeitskräfte auch heute meistens unter ihrem Wert bezahlt werden. Die eben zitierte Marxsche Mehrwerttheorie setzt jedoch die Bezahlung zum Wert voraus. Steigender Wert der Arbeitskraft und steigende Ausbeutung lassen sich demnach unter einer Bedingung doch theoretisch miteinander vereinbaren, nämlich dann, wenn man diese steigende Ausbeutung ausschließlich auf wachsende Unterbezahlung zurückführt, also auf die Methode, deren praktische Bedeutung Marx zwar betont, die er aber aus seiner theoretischen Analyse bewußt und nachdrücklich herausläßt. Auf dem genannten Meinungsaustausch in Moskau wurde gerade diese Unterbezahlung, in Verbindung mit dem Problem der steigenden Arbeitsintensität, besonders betont und bestätigende Beispiele dafür angeführt.

Die tatsächlich vorhandene beträchtliche Unterbezahlung soll keineswegs unterschätzt werden, sie wird in den entwickelten kapitalistischen Ländern immer wieder durch die verkümmerte Form der Reproduktion der Arbeitskraft, durch deren frühzeitigen Verschleiß usw. sichtbar. Ganz zu schweigen von den schwachentwickelten Ländern und hier besonders von denen, die sich noch in imperialistischer Abhängigkeit befinden, wo nicht einmal das physische Minimum zur Reproduktion der Arbeitskraft gesichert ist. Dies beweisen Zahlen, z. B. in offiziellen Untersuchungsergebnissen von UN-Kommissionen, wonach dort jährlich noch Millionen Menschen regelrecht verhungern bzw. infolge Unterernährung auch relativ harmlosen Erkrankungen zum Opfer fallen — besonders Kinder und Säuglinge sind in hohem Maße davon betroffen.

In den ökonomisch entwickelten kapitalistischen Ländern jedoch bewegt sich der Lohn im allgemeinen über dem Minimum, das gebildet wird

> „durch den Wert einer Warenmasse, ohne deren tägliche Zufuhr der Träger der Arbeitskraft, der Mensch, seinen Lebensprozeß nicht erneuern kann, also durch den *Wert der physisch unentbehrlichen Lebensmittel.* Sinkt der Preis der Arbeitskraft *auf dieses Minimum*, so sinkt er *unter ihren Wert*, denn sie kann sich nur in *verkümmerter* Form erhalten und entwickeln." [19]

Ein Drücken der Löhne sogar unter dieses Minimum ist in den imperialistischen Hauptländern nicht die Regel, sondern die Ausnahme, es wird hier zu finden sein in gewissen Grenzgebieten der kapitalistischen Produktion, z. B. in der Hausindustrie; Frauen, Landarbeiter, ausländische Arbeitskräfte, farbige Arbeiter etwa in den USA u. ä., also besonders die ungenügend organisierten und entrechteten Teile der Arbeiterklasse werden betroffen. Diese krasse Form der Unterbezahlung ist in Kriegs- und in den ersten Nachkriegsjahren verbreitet zu finden, kann aber in dieser Verbreitung nicht lange aufrecht erhalten bleiben. Wie finden sie auch in Spanien, Portugal, lange Zeit in den südlichen Teilen Italiens, besonders auf Sizilien usw.

Trotz aller dieser Erscheinungen darf man jedoch den Grad einer allgemeinen Abweichung des Lohnes vom Wert der Arbeitskraft nicht überschätzen. Im allgemeinen bildet eben dieses physische Minimum dafür die erste Grenze, die sich entwickelnde Kampfkraft der Arbeiter die zweite, gewissermaßen die moralische Grenze. Gerade in der dritten Etappe der allgemeinen Krise des Kapitalismus ist die Stellung der kämpfenden Arbeiterklasse, im Vergleich zu den vorangegangenen beiden Etappen, so gefestigt, daß sie mit merklichen Erfolgen einer Unterbezahlung entgegenwirken kann und entgegenwirkt. Die Arbeiterklasse kann sogar heute im Kapitalismus jede Unterbezahlung überwinden, denn es gibt keine objektive Notwendigkeit, kein ökonomisches Gesetz, das diese Unterbezahlung unbedingt erfordert. Das Wesen des Kapitalismus würde dadurch keineswegs berührt werden. In Anbetracht des kapitalistischen Krisenzyklus, der Unsicherheit der Existenz, muß und kann sich eine gut organisierte Arbeiterklasse das Ziel setzen, wenigstens während der Konjunktur

[19] KARL MARX, Das Kapital, Bd. 1, S. 181.

sogar eine Überbezahlung zu erreichen, dies um die Verluste an Lohneinkommen in Krisenzeiten, durch Arbeitslosigkeit usw. wenigstens annähernd auszugleichen, d. h. der Wert der Ware Arbeitskraft muß zum Schwankungszentrum der Löhne werden.

In diesem Sinne schreibt auch FRIEDRICH EENGLS:[20]

> „Ein gerechter Tagelohn ist unter normalen Bedingungen die Summe, die erforderlich ist, dem Arbeiter die Existenzmittel zu verschaffen, die er entsprechend dem Lebensstandard seiner Stellung und seines Landes benötigt, um sich arbeitsfähig zu erhalten und sein Geschlecht fortzupflanzen. Die wirkliche Lohnhöhe mag, je nach den Schwankungen des Geschäftsganges, manchmal über, manchmal unter diesem Satz liegen; unter normalen Bedingungen sollte dieser Satz jedoch den Durchschnitt aller Lohnschwankungen bilden."

Daß dieser Zustand im Rahmen der kapitalistischen Produktionsverhältnisse erreicht werden kann, macht ENGELS neben der konjunkturellen Situation und dem Umfang der Arbeitslosigkeit vor allem von dem Grad der Organisiertheit, von der Kampfkraft der Arbeiter abhängig:

> „So ist es also eine Folge des Wirkens der Trade-Unions, daß gegen den Widerstand der Unternehmer das Lohngesetz durchgesetzt wird, daß die Arbeiter jedes gut organisierten Gewerbezweigs in der Lage sind, wenigstens annähernd, den vollen Wert ihrer Arbeitskraft zu erhalten, . . ." [21]

Diese Ausführungen von Engels beziehen sich auf das Wirken der organisierten Arbeiterklasse in der Konjunktur, also unter günstigen Bedingungen. Selbstverständlich machen nachfolgende Krise und Arbeitslosigkeit einen großen Teil der Erfolge wieder zunichte, die Unterbezahlung wird wieder eintreten bzw. zunehmen. Es verbleibt über längere Zeiträume hinweg der Zustand bestehen, daß die Löhne unter dem Wert der Arbeitskraft liegen. In Anbetracht des schnellen Wachsens der Kampfkraft des Proletariats können jedoch nur besondere Umstände dazu führen, daß sich über große Zeitabschnitte hinweg die Kluft zwischen Wert und Preis der Arbeitskraft merklich vergrößert. Derartige, den Kampf der Arbeiter um höhere Löhne paralysierende Faktoren wurden verstärkt in den ersten beiden Perioden der allgemeinen Krise des Kapitalismus wirksam. Neben der Militarisierung, den imperialistischen Kriegen und ihre unmittelbaren Folgen waren es die in vielen imperialistischen Ländern auftretenden krassen Inflationen, die sehr tiefe große Weltwirtschaftskrise, der Faschismus mit seiner brutalen Unterdrückung der Arbeiterbewegung, das Auftreten der chronischen Massenarbeitslosigkeit usw., die zu einer über Jahrzehnte hinweg währenden starken und sich verstärkenden Unterbezahlung führten, nur zum Teil gehemmt durch die auch in dieser Zeit gewachsene Stärke des Proletariats.

Für die Entwicklung nach dem zweiten Weltkrieg, besonders aber in der dritten Etappe der allgemeinen Krise des Kapitalismus deuten alle Fakten darauf hin, daß die Tendenz der Verringerung der Unterbezahlung vorherrscht.

Insgesamt bin ich der Ansicht, daß über größe Zeiträume hinweg die Entwicklung der Reallöhne, obgleich niedriger als die zur Reproduktion der Arbeitskraft erforderlichen Lebensmittel, doch die Tendenz der Entwicklung dieses notwendigen Reproduktionsbedarfs annähernd real widerspiegelt. Wir können uns demnach ein ungefähres Bild machen von dem quantitativen Ausmaß der

[20] MARX-ENGELS, Werke, Bd. 19, S. 248.
[21] MARX-Engels, Werke, Bd. 19, S. 257.

über die Steigerung der Arbeitsproduktivität zustandekommenden Wertsenkung der Arbeitskraft entgegenwirkenden Tendenz, die in der Zunahme des notwendigen Reproduktionsbedarfs besteht. Erinnern wir uns dazu an unsere Schätzung der Reallohnsteigerung in den entwickelten kapitalistischen Ländern auf eben das Dreifache gegenüber der Mitte der vorigen Jahrhunderts.

Ohne von der damaligen wie heutigen Unterbezahlung der Arbeitskraft abzusehen, könnten wir unter der Voraussetzung, daß sich der Grad der Unterbezahlung nicht wesentlich geändert hat, die Steigerungszahlen für die Reallöhne über lange Zeiten hinweg auch annähernd auf das Wachsen des Reproduktionsbedarfs der Arbeitskraft im Kapitalismus anwenden. Wenn man bedenkt, daß es sich bei den von uns gewählten Ausgangsjahren um solche minimaler Löhne, großer Arbeitslosigkeit, einer unentwickelten Arbeiterbewegung handelt, also um Zeiten relativ hoher Unterbezahlung, während es sich bei den Jahren 1959 bis 1962 doch um Jahre handelt, die für den erfolgreichen Lohnkampf in den meisten Beziehungen bedeutend günstiger sind, so können wir wohl der Annahme zustimmen, daß die Unterbezahlung der Arbeitskräfte heute in den entwickelten kapitalistischen Ländern zumindest nicht größer ist als in der Mitte des vorigen Jahrhunderts.

Es sei an dieser Stelle ergänzt, daß die Abweichung der Löhne vom Wert der Ware Arbeitskraft, bzw. der Reallöhne von der Menge der Reproduktion der Arbeitskraft erforderlichen Güter auch aus dem Grunde über lange Zeiträume hinweg nicht sehr große sein kann, da ein bestimmtes, sich festigendes Lohnniveau mit der Zeit selbst auf den Wert der Arbeitskraft zurückwirkt. Dies in dem Sinne, daß ein gebräuchliches und dauerhaftes Lohnniveau selbst zum Bestandteil des historischen und moralischen Elementes bei der Wertbestimmung der Ware Arbeitskraft wird.

Es ergibt sich jetzt die Frage, ob die annähernde Verdreifachung des Lohnniveaus und damit des Reproduktionsbedarfs der Arbeitskraft ausreicht, um die Schlußfolgerung vom steigenden Wert der Ware zuzulassen. Diese Frage beantwortet sich von selbst, wenn wir uns die Zahlen über die ungefähre Entwicklung der Arbeitsproduktivität erinnern. Sowohl über den großen Zeitraum der vergangenen hundert Jahre hinweg, aber selbst in den letzten Jahren starker kapitalistischer Konjunktur, übertrafen die Entwicklung von Arbeitsproduktivität und -intensität die des steigenden Reproduktionsbedarfs der Arbeitskraft, über längere Zeiträume hinweg sogar um ein Vielfaches. Das Steigen der Menge an Gebrauchswerten, erforderlich zur Reproduktion der Arbeitskraft, wurde weit mehr als ausgeglichen durch die gleichzeitige Senkung der Werte der Waren. Die mit der Steigerung der Ausbeutung identische Senkung des Wertes der Ware Arbeitskraft ist und bleibt im Kapitalismus ein objektives Gesetz.

Nur unter diesen Bedingungen verwirklicht sich der Prozeß der erweiterten kapitalistischen Reproduktion, der die Reproduktion der kapitalistischen Eigentums- und Klassenverhältnisse einschließen muß. Die Konzentration des Eigentums an den Produktionsmitteln in den Händen einer stagnierenden, im Anteil an der Gesamtbevölkerung zurückgehenden Kapitalistenklasse ist ein wesentlicher Bestandteil, ist Ziel des kapitalistischen Reproduktionsprozesses. Das setzt aber voraus, daß auf die Dauer die Ausbeutung sich erhöht, was wiederum, gerade unter den heutigen Bedingungen, vor allen Dingen auf dem Wege des relativen Mehrwertes, d. h. durch Erhöhung der Arbeitsproduktivität erfolgen muß, und zwar in dem Maße, daß eine Senkung des Wertes der Ware Arbeitskraft eintritt.

Der Ersatz des fixen Kapitals und die Periodizität der Krisen

(Fortsetzung)[1]

Kojiro Takagi, Universität von Kyushu, Fukuoka-city, Japan

3. Die Beeinflussung der Fluktuationen des industriellen Zyklus durch Zunahme oder Abnahme des Umfangs des Ersatzes des fixen Kapitals

Aus der obigen Analyse folgt nun, daß im Falle der erweiterten Reproduktion, wenn der Anteil der Reproduktion berücksichtigt wird, die Gleichgewichtsbeziehungen, die sich zwischen den Abteilungen im Bereich der einfachen Reproduktion herausgebildet haben, durch die spezifische Art des Umschlags des fixen Kapitals gestört werden. Wie dieser Umstand die zusätzliche Akkumulation der Abteilung, die Produktionsmittel für fixes Kapital liefert, genannt Accelerationsprinzip, fördert, ist bereits untersucht worden. Es ist wohlbekannt, daß ein solcher Lauf der Dinge das grundlegende Merkmal des Stadiums, ausgeprägter Aktivität während des industriellen Zyklus bildet. In einem solchen Stadium würden die Gleichgewichtsbeziehungen, ausgedrückt in der Gleichheit zwischen dem stofflichen und wertmäßigen Ersatz des fixen Kapitals im Bereich der einfachen Reproduktion, zerstört werden.

Wie Marx im elften Abschnitt des zwanzigsten Kapitels des zweiten Bandes des „Kapital“ darlegte, waren, als der Ersatz des fixen Kapitals von IIc in natura den in Geldform im Bereich der einfachen Reproduktion überschritt, die entsprechenden Resultate die folgenden: „Defizit der Reproduktion“ infolge der gestiegenen Nachfrage nach Produkten der Abteilung I und „monetäre Störungen“ infolge der „Deplacierung von Arbeit und Kapital“ innerhalb der Abteilung I.[2]

Solche Umstände, könnten wir sagen, würde eine Phase im Stadium der Aktivität voraussetzen, wenn wir sie der tatsächlichen Bewegung des industriellen Zyklus anpassen. Mit anderen Worten, sie treten in der Periode der Entwicklung und Produktionsausdehnung des gesellschaftlichen Gesamtkapitals auf, wenn die Erweiterung der Reproduktion in bedeutendem Umfange außerhalb des Anteils der einfachen Reproduktion stattfindet. Es wurde weiter oben festgestellt, daß die Steigerung der Nachfrage nach Elementen des fixen Kapitals in diesem Bereich der Akkumulation unter solchen Umständen überwiegt. Darum wird es notwendig, daß innerhalb der Abteilung I die neuen Investitionen zur Vergrößerung des Angebots an Elementen des fixen Kapitals einen entsprechend größeren Teil der Gesamtinvestitionen ausmachen.

Noch mehr, in einer solchen Phase der tatsächlichen Bewegung muß der Ersatz des fixen Kapitals in natura in Abteilung I im Bereich der einfachen Reproduktion quantitativ wachsen. Das stellt ebenfalls ein Element dar, das „Defizit der Reproduktion“ und „monetäre Störungen“ hervorruft. Entsprechend kann gesagt werden, daß der Ersatz des fixen Kapitals sowohl im Falle der erweiterten

[1] Siehe Kojiro Tagaki, Der Ersatz des fixen Kapitals und die Periodizität der Krisen. In: Konjunktur und Krise, Heft 3/1963.

[2] Karl Marx, Das Kapital, Bd. II, Berlin, 1951, S. 472.

Reproduktion als auch im Verlauf der tatsächlichen industriellen Zyklen notwendigerweise mit und neben der Neuanlage und Ausdehnung des fixen Kapitals bei der Akkumulation erfolgt. Entweder ist der Ersatz des fixen Kapitals unvermeidlich mit der Ausdehnung des fixen Kapitals verflochten oder, wie MARX sagt, mit „großen Neuanlagen".[3]

Wir haben im ersten Teil dieses Artikels die Beziehungen zwischen dem Ersatz des fixen Kapitals in natura und dem in Geld behandelt, einschließlich der einzelnen Fälle der Umsätze zwischen den Unterabteilungen der Abteilung I, und die Übereinstimmung beider Ersatzprozesse hinsichtlich der gesamten Abteilungen festgestellt. Aber während der Aktivitätsperiode in der Bewegung eines Handelszyklus wird diese Übereinstimmung gestört und der erstere Ersatz überschreitet den letzteren. Wie oben gezeigt wurde, übt die Nachfrage für den Ersatz des fixen Kapitals nicht nur in der Abteilung II, sondern ebenso in I einen Druck auf die Abteilungen aus, die Arbeitsmittel und Rohstoffe dafür liefern. Ein solcher Druck würde die Wirkung des Accelerationsprinzips, das im Anteil der Akkumulation festgestellt wurde, sehr verstärken. Dieses Phänomen bedeutet an und für sich nichts weiter als Ersatz der alten verbrauchten Ausrüstungen und zeigt keinerlei Erweiterung an, jedoch, zusammengedrängt in einer Periode, hat es denselben Effekt auf die Bewegung wie die letztere. Die Tatsache wird in dem gleichen Schema der einfachen Reproduktion wie dem im ersten Teil dieses Artikels illustriert.

Tabelle 12

			$(\Delta\, 2\, f + \Delta\, 4\, z + \Delta\, 2\, v + \Delta\, 1\, k) = (+\Delta\, 9\, WA)$
IA,	200 F	20 g	20 f + 40 z + 20 v + 10 k = 90 Wa
IRa,	200 F	20 g	20 f + 40 z + 20 v + 10 k = 90 Wra
IRk,	200 F	20 g	20 f + 40 z + 20 v + 10 k = 90 Wrk
II,	300 F	30 g	30 f + 60 z + 30 v + 20 k = 140 Wk
insges.	900 F	90 g $(+\Delta\, 9\, g)$	90 f + 180 z + 90 v + 50 k = 410 W

Erläuterung: Die Zahlen in Klammern unten zeigen den Zuwachs der Nachfrage an und diejenigen oben den Zuwachs des Angebots und — sekundär — der Nachfrage.

Wenn der Ersatz des fixen Kapitals in natura als Ergebnis einer Konzentration der entsprechenden Investitionen in der gleichen Periode ein durchschnittliches Niveau überschreitet, erzeugt die gewachsene Nachfrage einen Anstoß zur Erweiterung der Produktion von Arbeitsinstrumenten. Wie illustriert wurde, regt ein Zuwachs an Investitionen aus Ersatzfonds von 9 (10 Prozent) einen Produktionszuwachs in IRa von 4 und in II von 3 (2 v + 1 k) an. Dieser letztere ruft einen stärkeren oder schwächeren Bedarf nach Ausdehnung der Produktion in anderen Abteilungen wie in einer Kettenfolge hervor. Wenn diese Umstände mit der Bewegung im Bereich der Akkumulation, die bereits im vorangegangenen Teil untersucht wurde, zusammentreffen, müssen die „Störungen" besonders stark ausgeprägt sein. Es ergibt sich, daß entsprechend mit dem Zuwachs der Nachfrage für die Ausdehnung des fixen Kapitals um 25 im Verlauf von vier Jahren, wie angenommen, eine Nachfragesteigerung für seinen Ersatz, die den jährlichen Durchschnitt von 9 übersteigt, von nicht geringer Wirkung sein würde. Darum, wenn der Ersatz des fixen Kapitals in ein und derselben Periode konzentriert ist, würde die Periode der Produktion

[3] ebenda, S. 180.

von Produktionsmitteln mehr oder weniger verschoben und die Periode der Geschäftsaktivität ausgehend von den Investitionen für fixes Kapital würde folglich entsprechend verlängert. Je stärker die erwähnte Konzentration in einer Periode ist, um so länger dauert der Effekt hinsichtlich der Verlängerung der Aktivitätsperiode an. Das ist besonders dann von Bedeutung, wenn die Investition für den Ersatz von fixem Kapital mit der Einführung neuer Typen von Arbeitsmitteln, hervorgerufen durch eine technologische Neuerung, verbunden ist.

Wir untersuchten oben den Fall, wo die Übereinstimmung zwischen dem Ersatz des fixen Kapitals in natura und in der Geldform bei einfacher Reproduktion gestört wird und die erstere die letztere überschreitet. Jedoch tritt im Verlauf der zyklischen Bewegung ein Fall ein, wo die erstere hinter der letzteren zurückbleibt. Die Konzentration des Ersatzes des fixen Kapitals in einer Periode, die oben unterstellt wurde, schließt notwendigerweise das nachfolgende Stadium ein, in dem die Erneuerung des fixen Kapitals rapid zurückgeht. So wollen wir nun untersuchen, wie der Rückgang des Ersatzes des fixen Kapitals in natura den Verlauf der gesellschaftlichen Reproduktion berührt.

In dem Fall müssen wir als Prämisse ein Schema der erweiterten Reproduktion annehmen, da Gegenstand ein Rückgang des Ersatzes ist, der auftritt nach der Konzentration des Ersatzes des fixen Kapitals in einer Periode, wo er notwendigerweise mit der Ausdehnung des fixen Kapitals als einem Element der erweiterten Reproduktion verbunden war. Hier folgendes ausgeglichene Schema, in dem der Anteil der einfachen Reproduktion dem Schema der Tabelle 5 entspricht.

Tabelle 13

IA,	200 F	20 g	20 f + 40 z + 20 v + 30 m = 110 Wa
IRa,	200 F	20 g	20 f + 40 z + 20 v + 30 m = 110 Wra
IRk,	200 F	20 g	20 f + 40 z + 20 v + 30 m = 110 Wrk
II,	300 F	300 g	30 f + 60 z + 30 v + 40 m = 160 Wk

Erläuterung: entsprechend ist die Mehrwertrate in jeder Abteilung wie folgt: IA, IRa, IRk – 1,5 (30 m/20 v), II – 1,33 (40 m/30v); die Profitrate auf das investierte Kapital ist: IA, IRa, IRk – 11,5% (30 m/200 F + z 40 + 20 v = 30 m/260 c), II – 10,2% (40/300 F + 60 z + 30 v = 40 m/390 c).

Zunächst untersuchen wir den Fall, wo der Ersatz des fixen Kapitals in natura auf 83 zusammenschrumpft, ausgehend vom Durchschnitt 90 im Bereich der einfachen Reproduktion.

Tabelle 14

		(20 f + 36 z + 18 v + 9 k = 83 Wa)
IA,	20 g	20 f + 40 z + 20 v + 10 k = 90 Wa
IRa,	20 g	20 f + 40 z + 20 v + 10 k = 90 Wra
IRk,	20 g	20 f + 40 z + 20 v + 10 k = 90 Wrk
II,	30 g	30 f + 60 z + 30 v + 20 k = 140 Wk
insgesamt	90 g	90 f + 180 z + 90 v + 50 k = 410 W
	(–7 g = 83 g)	(90 f + 176 z + 88 v + 49 k = 403 W)

Erläuterung: Die Zahlen in Klammern zeigen die Restbeträge nach dem Rückgang an. Die Übertragung des Verschleißteils des fixen Kapitals auf die Produkte wird nach dem Rückgang des Ausstoßes als unverändert unterstellt.

In dem in der obigen Tabelle gezeigten Falle, wo IA fortfährt auf der gleichen Stufenleiter wie vorher zu produzieren, wird eine dem Rückgang der Nachfrage für den Ersatz von fixem Kapital entsprechende Überproduktion entstehen.

Überproduktion in IA: 90 WA – 83 g = 7 Wa

Aber wenn IA seine Produktion entsprechend dem Auftragsrückgang einschränkt, wird die Überproduktion auf die Abteilungen, die Rohstoffe und Konsumtionsmittell liefern, übergewälzt.

Überproduktion in IRa: (90 Wra + 90 Wrk) – 176 z = 4 Wra (Überproduktion tritt in IRa auf, nicht in IRk, da sie dem Rückgang der Nachfrage für Rohstoffe seitens IA geschuldet ist)
Überproduktion in II: 140 Wk – (88 v + 491 c) = 3 Wk

Die Überproduktion von 7 in IA zeigt einen entsprechenden Fall des realisierten Profits in dieser Abteilung an, und es entsteht – falls IA seine Produktion rechtzeitig einschränkt – eine Überproduktion von 4 in IRa und von 3 in II sowie ein entsprechender Fall des realisierten Profits in beiden Abteilungen.

Die obige Analyse bezieht sich jedoch auf den Anteil der einfachen Reproduktion, und die Analyse im Bereich der Akkumulation bleibt noch vorzunehmen. Wenn wir der letzteren Aufmerksamkeit schenken, so sehen wir, daß die Reproduktion in ein Stadium tritt, in dem die Ausdehnung des fixen Kapitals sehr schnell abfällt. Das ist natürlich richtig, da der Ersatz des fixen Kapitals im Bereich der einfachen Reproduktion bereits dazu neigt, zurückzugehen. Die davon ausgehende Wirkung auf den Verlauf des gesamten Reproduktionsprozesses würde sehr unterschiedlich sein entsprechend der Dauer und dem Ausmaß des Rückgangs der Erneuerung des fixen Kapitals.

Die Tendenz zur Überproduktion in der Abteilung, die Arbeitsinstrumente liefert, ist natürlich nach Beendigung der bedeutenden Investitionen für die Ausdehnung des fixen Kapitals während der Zeit von vier Jahren sehr ausgeprägt, wie im vorhergehenden Teil des Artikels gezeigt wurde. Sie kann bisweilen Störungen hervorrufen, die als „Zwischenkrisen" bezeichnet werden können. Doch ist hier unterstellt, daß die erweiterte Reproduktion noch eine Zeitlang auf der Grundlage der erweiterten Ausrüstungen in den anderen Abteilungen, die keine Arbeitsinstrumente liefern, fortgeht, und daß trotz des Aufhörens einer bedeutenden Ausdehnung des fixen Kapitals einige Neuinvestitionen zur Komplettierung und für Reparaturen noch fortgesetzt werden. Im folgenden wird die Wirkung des Rückgangs der Investitionen für fixes Kapital im Bereich der Akkumulation, der zusammen mit der Schrumpfung seines Ersatzes nach einem solchen kurzen Intervall auftritt, untersucht.

Tabelle 15

	(2,5 F' + 5 z' + 2,5 v' = 10 Wa)
IA,	5,0 F' + 10 z' + 5,0 v' = 20 Wa
IRa,	5,0 F' + 10 z' + 5,0 v' = 20 Wra
IRk,	5,0 F' + 10 z' + 5,0 v' = 20 Wrk
II,	5,0 F' + 10 z' + 5,0 v' = 20 Wk
insgesamt	20,0 F' + 40 z' + 20,0 v' = 80 W
	(–10,0 F' (15 z' (17,5 v')
	=10,0 F') 20 z')

In der obigen Tabelle zeigen die Zahlen in Klammern an, wie die Akkumulation in IA schrumpft und die entsprechenden Wertteile der Akkumulation gleichzeitig zurückgehen, wenn die Investition für die Erweiterung des fixen Kapitals von 20 auf 10 abnimmt. Die in jeder Abteilung mit Ausnahme vom IRk entstehende Überproduktion ist folgendermaßen berechnet:

Überproduktion in IA: 20 Wa − 10,0 F′ = 10,0 Wa
Überproduktion in IRa: 20 Wra − 15,0 z′ = 5,0 Wra
Überproduktion in II: 20 Wk − 17,5 v′ = 2,5 Wk

Wenn im Anteil der einfachen Reproduktion in IA ein Produktionsrückgang von 10 Prozent stattfindet, wie in Tabelle 14 demonstriert (in den Zahlen 36 z + 18 v verglichen mit 40 z + 20 v), und der produzierte Mehrwert von 30 auf 27 zurückgeht, so würde der für den Akkumulationsfonds reservierte Mehrwert 18 werden unter der Voraussetzung, daß die Konsumtionsfonds der Kapitalisten sich von 10 auf 9 verringern. Ein solcher Lauf der Dinge würde eine Überproduktion von 8 in IA entstehen lassen.

Überproduktion in IA: 18 Wa − 10 F′ = 8 Wa

Wenn wir, den letzteren Fall aufgreifend, die Überproduktion in beiden Anteilen der einfachen und der erweiterten Reproduktion kombinieren und den realisierten Mehrwert und die realisierte Profitrate berechnen, so erhalten wir folgende Resultate:

	Produzierter Mehrwert	Über-produktion	Realisierter Mehrwert	Realisierte Profitrate
IA,	27	8	19	19 m/254 C = 7,5%
IRa,	30	9	21	21 m/260 C = 8,0%
IRk,	30	0	30	30 m/260 C = 11,5%
II,	40	5,5	34,5	34,5 m/390 C = 8,8%

Erläuterung: Das vorgeschossene Kapital 254 C in IA umfaßt das reduzierte zirkulierende Kapital von 54 C (36 z + 18 v) und das vorgeschossene fixe Kapital von 200 F.

Wir finden hier reduzierte Raten des realisierten Profits in IA, IRa und II verglichen mit denen im Falle der Tabelle 13 von 11,5% in jeder Abteilung von I und 10,2% in II (vgl. die der Tabelle 13 beigefügte Erläuterung). In IRk wird die Rate des realisierten Profits noch aufrechterhalten. Jedoch ist das Obige nur der primäre Effekt hinsichtlich jeder Abteilung im Falle eines Rückgangs sowohl des Ersatzes als auch der Ausdehnung des fixen Kapitals. Solche fallenden Raten des realisierten Profits würden notwendigerweise von der Reduktion der Ausgaben für die Konsumtion seitens der Kapitalisten und ebenfalls von einer rückläufigen Akkumulationsrate begleitet sein.

Entsprechend würde die Überproduktion in IA und IRa[4] auf II und IRk übertragen werden und die Überproduktion und das Ungleichgewicht im all-

[4] Als ein Heilmittel für eine derartige Überproduktion wird die Erweiterung der Rüstungsproduktion betrachtet und für diesen Zweck die Expansion der Staatsausgaben riskiert. Je größer die Überproduktion, um so bedeutender müßte das Anwachsen derartiger Ausgaben sein.

gemeinen sowie auch den Fall der Profitraten in allen Abteilungen intensivieren. So kann letzten Endes der Anstoß zum Ausbruch einer Krise als Ergebnis des allumfassenden Stillstands in der Akkumulation und der erweiterten Reproduktion entstehen. Wie schnell eine solche Überproduktion und Disproportionalität, nachdem der Rückgang des Ersatzes und der Erweiterung des fixen Kapitals begonnen hat, eintreten würde, würde einzig und allein vom Tempo und vom Ausmaß des Rückgangs selbst abhängen. Was den Rückgang des Ersatzes des fixen Kapitals in natura betrifft, so würde sein Grad sich umgekehrt proportional der Dichte verhalten, mit der die bereits vorgenommenen Ersatzinvestitionen in der vorangegangenen Periode konzentriert waren. Darum, je länger die Perioden der Belebung und des Aufschwungs, die letzten Endes eine Folge der umfassenden Erneuerung und Erweiterung des fixen Kapitals auf hoher Stufenleiter in den gleichen Perioden sind, um so akuter und schwerer muß der nachfolgende Kollaps sein.

4. Der Ersatz des fixen Kapitals und Neuerungen. Die Periodizität der Krisen

„Die Arbeitsmittel werden großenteils beständig umgewälzt durch den Fortschritt der Industrie. Sie werden daher nicht in ihrer ursprünglichen Form ersetzt, sondern in der umgewälzten Form.“ [5]

Die Entwicklung der Arbeitsproduktivität als ganzes betrachtet wird durch verschiedene Umstände bestimmt. Aber die Achse, um die diese Entwicklung vorangetrieben wurde in der Geschichte der modernen Großindustrie, ist die Entwicklung des Systems der Arbeitsinstrumente basierend auf dem Fortschritt der Wissenschaften und ihrer technologischen Anwendung. Deshalb bedeutet der Ersatz des fixen Kapitals nach seinem Ausleben tatsächlich, wie MARX es faßte, eine Erneuerung der unmodernen Ausrüstungen durch moderne und die industrielle Anwendung der jüngsten Erfindungen oder Verbesserungen.

In diesem Zusammenhang müssen wir dem Umstand Aufmerksamkeit schenken, daß gegenwärtig als eine Tendenz der technologischen Neuerungen neue Produkte, sehr verschieden in der Qualität und in der Materialbeschaffenheit von den alten Produkten, nachgefragt werden, und entsprechend sind die Werke für Fabrikausrüstungen neuer Struktur und für die Bearbeitung neuer Materialien vorherrschend geworden. Wir müssen auch beachten, daß im Falle der Automation sowohl die Anordnung der Maschinen wie auch die Größe der Fabriken völlig neuer Ordnung sind. Darum scheint es notwendig zu beachten, daß der Ersatz unmodernen fixen Kapitals durch modernes andere Auswirkungen auf verschiedene Bereiche der Produktion hat, als wenn lediglich eine Verbesserung der Maschinerie gleicher Konstruktion und Qualität vorgenommen wird.

Wir nehmen wieder das gleiche Schema der einfachen Reproduktion wie vorher an:

IA,	200 F	20 g	20 f + 40 z + 20 v + 10 k = 90 Wa
IRa,	200 F	20 g	20 f + 40 z + 20 v + 10 k = 90 Wra
IRk,	200 F	20 g	20 f + 40 z + 20 v + 10 k = 90 Wrk
II,	300 F	30 g	30 f + 60 z + 40 v + 20 k = 140 Wk

[5] Ebenda, S. 164.

Es ist hier unterstellt, daß die Fonds für den Ersatz des fixen Kapitals in II, 30 g, für Ausrüstungen investiert wird, mit denen moderne Produkte hergestellt werden. Diese Summe bildet 1/10 der ursprünglichen Investition für fixes Kapital in der gleichen Abteilung. Darum wird nun 1/10 der alten Ausrüstungen durch neue ersetzt, die für die Produktion moderner Erzeugnisse bestimmt sind. Aber die Zahl 30, die eine Nachfrage für Produkte von IA anzeigt, stellt 1/3 des Ausstoßes der letzteren dar. So entsteht eine Nachfrage nach neuen Maschinen usw., die 1/3 des Ausstoßes der Abteilung für Arbeitsmittel erreicht, wenn in der Abteilung, die Konsumtionsmittel liefert, eine Investition für neue Ausrüstungen, mit denen moderne Produkte hergestellt werden, im Umfang von einem Zehntel der ursprünglich investierten Summe vorgenommen wird. Das ursprünglich vorgeschossene fixe Kapital und die entsprechenden Wertteile für diesen Teil der Produkte in IA, 30 Wa, berechnen sich folgendermaßen:

IA, |66 F| 6,6 f + 13,3 z + 6,6 v + 3,3 k = 30 Wa
(6,6 F)

Wenn die Produktion solcher neuer Arbeitsmittel einen kompletten Neubau der Ausrüstungen für ihre Herstellung erfordert, so wird die Nachfrage für solche Ausrüstungen von selbst auf 66 steigen, wie aus dem obigen ersichtlich. Aber in diesem Punkt sei eine besondere Eigenheit dieser Abteilung in Betracht gezogen und nur der Ersatz eines Zehntels der alten Ausrüstungen durch neue möge genügen, wie die Zahlen 6,6 in der Klammer zeigen.

Andererseits, falls die neuen Arbeitsmittel völlig andere Rohstoffe wie die alten benötigen, müßte die Wertsumme dieser Rohstoffe 13,3, zu liefern von IRa, wie folgt analysiert werden:

IRa, |29,5 F| 2,95 f + 5,9 z + 2,95 v + 1,48 k = 13,34 ra

Wir finden hier, daß eine Investition für neue Ausrüstungen in IRa in Belang von 29,5 notwendig wird, um neue Arten von Rohstoffen in Höhe von 13,3 zu liefern für die Produktion von Arbeitsmitteln. So erreichen die Investitionen für neue Ausrüstungen in II, IA und IRa zusammen

66,1 (II 30 F + IA 6,6 F + IRa 29,5 F = 66,1 F).

Weiterhin was folgt daraus, wenn die neuen Ausrüstungen in II komplettiert werden und die Produktion auf der Grundlage neuer Methoden begonnen wird? Es ist noch zu untersuchen, was die Auswirkung auf die Abteilung, die Rohstoffe für Konsumtionsmittel liefert, sein würde, wenn wir unterstellen, daß die neuen Ausrüstungen so intensiv arbeiten, daß zweimal so viel Rohstoffe gebraucht werden wie bei den alten Ausrüstungen. Die entsprechenden Wertteile des Produkts in II, die dem erneuerten fixen Kapital 30 F entsprechen, wären folgende:

II, |30 F| 3 f + 6 z + 3 v + 2 k = 14 Wk
(12 z)

Wenn zweimal so viel Rohstoffe in diesem Fall gebraucht werden, muß IRk für 12 Rohstoffe liefern (wie in der Klammer angezeigt), was ebenfalls mehr oder weniger Investitionen für neue Ausrüstungen in dieser Abteilung erforderlich machen würde. Dann stellen sich das investierte fixe Kapital und die Wertkomponenten für diese 12 folgendermaßen dar:

IRk, | 26,6 F | 2,66 f + 5,33 z + 2,66 v + 1,33 k = 12 Wrk

Wenn wir die Nachfrage für neue Ausrüstungen in IRk, 26,6, zu der bereits festgestellten von 66,1 hinzufügen, erhalten wir zusammen 93 als gestiegene Nachfrage für neue Ausrüstungen. Diese Zahl entspricht völlig dem Betrag von 85 Prozent des jährlichen Ausstoßes 110 in IA und weicht wenig von 100 ab, der Summe der Investitionen zur Erweiterung des fixen Kapitals, die im vorangegangenen Teil angenommen wurde und die sich über vier Jahre erstrecken können.

Es braucht nicht gesagt zu werden, daß die Notwendigkeit zum Ersatz der alten Ausrüstungen herkömmlicher Bauart um so viel reduziert wurde durch die Einführung moderner. In der obigen Illustration wird unterstellt, daß Ersatz des verschlissenen fixen Kapitals durch neues von der gleichen Qualität in II nicht stattfindet. In den anderen Abteilungen jedoch werden die Ausrüstungen, die nicht mit der Produktion moderner Erzeugnisse in II verbunden sind, in der gleichen Weise wie vorher ersetzt. Darum tritt die Nachfrage für moderne Ausrüstungen gleichzeitig mit der traditionellen Nachfrage für Ersatz vom fixen Kapital auf. Um diese beiden Arten der Nachfrage zu befriedigen, werden sowohl die Reproduktion auf erweiterter Stufenleiter als auch die Verlängerung der Produktionsperiode notwendig.

So wird, wie wir in der obigen Illustration sehen, die Notwendigkeit zur erweiterten Reproduktion in anderen Abteilungen hervorgerufen, ungeachtet dessen, daß der Ersatz des fixen Kapitals in II nur im gleichen Rahmen wie vorher vonstatten geht. Ihre Stufenleiter und die Länge der Produktionsperiode hängt von der Natur der technologischen Neuerung ab sowie von der Tiefe und dem Ausmaß in dem die letztere die gesamte Produktion durchdringt. Der Konkurrenzkampf unter den industriellen Kapitalisten, die Extraprofit erzielen und nicht Bankrott und Mißerfolg erleiden wollen, fördert die beschleunigte Durchsetzung moderner Ausrüstungen. Es wurde bereits festgestellt, daß der Ersatz des fixen Kapitals in natura, der nicht in seinem jährlichen Durchschnitt, wohl aber in der Masse in einer Periode konzentriert ist, die erweiterte Reproduktion nicht nur in der Abteilung, die Arbeitsmittel liefert, sondern ebenfalls in anderen, direkt mit ihr verbundenen Abteilungen, beschleunigt.

In der obigen Illustration wurde unterstellt, daß die Lebensdauer des fixen Kapitals in jeder Abteilung gleich war und zehn Jahre betrug. Doch im wirklichen Geschäftsleben ist die Anzahl der Jahre der Lebensdauer des fixen Kapitals entsprechend den Besonderheiten der Abteilungen und den Arten der Arbeitsmittel nicht die gleiche. Die letzteren betreffend wird hier eine durchschnittliche Lebensdauer des fixen Kapitals noch für jede Abteilung insgesamt unterstellt und nur die Unterschiede in der Lebensdauer des fixen Kapitals der einzelnen Abteilungen werden berücksichtigt.

Um das Problem in einfacher Form darzustellen, wird vorausgesetzt, daß die Dauerhaftigkeit der Arbeitsmittel sowohl in IA als in IRk wie vorher 10 Jahre bleibt, das ursprünglich investierte fixe Kapital in IRa wird auf 400 verändert, seine Lebensdauer auf 20 Jahre, während in II das erstere unverändert bleibt und das letztere auf 5 Jahre verändert wird. Im Ergebnis der letzteren Veränderung wird der Umfang des Ersatzes des fixen Kapitals in II von 30 auf 60 im jährlichen Durchschnitt gesteigert. Von diesen 60 sollen 30 für den Ersatz durch Ausrüstungen modernerer Bauart investiert werden und die restlichen für den Ersatz im üblichen Weg. Die Veränderung wird in der folgenden Tabelle gezeigt:

	Ursprünglich investiertes fixes Kapital	Haltbarkeit des fixen Kapitals	Ersatz im jährlichen Durchschnitt	Investitionen für modernere Ausrüstungen
IA,	200 F	10 Jahre	20 g	6,6 F
IRa,	400 F	20 ,,	20 g	59,0 F
IRk	200 F	10 ,,	20 g	6,6 F
II,	300 F	5 ,,	60 g	30,0 F
	1100 F		120 g	122,2 F

Diese Tabelle weist uns auf die Tatsache hin, daß die relative Bedeutung der Schwerindustrie mit der Entwicklung des Kapitalismus immer größer wurde und die Ausrüstungsinvestitionen in II immer langsamer gewachsen sind. Mit diesem Entwicklungstrend wurde die Anwendung modernerer Ausrüstungen auf Grund technologischer Neuerungen ein immer hervorstechenderer Zug, insbesondere in IRa. In der Tabelle wuchsen, unter der Voraussetzung, daß die Situation in IA unverändert bleibt, die Investitionen für modernere Ausrüstungen in IRa auf 59 F, das Doppelte von 29,5 F, wie im vorangegangenen Fall angenommen. Es wuchs nicht nur die Summe des für den Ersatz der Ausrüstungen notwendigen investierten Kapitals schneller, sondern auch die für ihre Vervollkommnung erforderliche Zeit wurde ständig länger.

Unter solchen Umständen wird der Umfang der Investitionen für moderne Ausrüstungen in II auch im zweiten Jahr mit 30 angenommen. Das stellt eine Hälfte des jährlichen durchschnittlichen Ersatzes in dieser Abteilung dar. Für diese gleichbleibende Nachfrage nach modernen Ausrüstungen muß IRa, die die Rohstoffe für sie liefern muß, die zusätzliche Produktion mit den extensiven, neuen Ausrüstungen vorbereiten, die sie in dem vorangegangenen Jahre errichtet hat oder begonnen hat zu errichten. Je umfangreicher die Ausrüstungen in IRa, die eine hohe Kapitalakkumulation erforderlich machen, und je länger die Lebensdauer dieser Ausrüstungen, die ihre verbleibenden Tage verlängern, umso betonter würde sich diese Tendenz manifestieren. Im Ergebnis dessen würde der Nachfragezuwachs für neue Ausrüstungen in allen Abteilungen, der durch die Anwendung modernerer Ausrüstungen in II im zweiten Jahr hervorgerufen wurde, auf ein Ausmaß von 63,3 (IA 6,6 F + IRk 26,6 F + II 30 F = 63,3 F) beschränkt werden im Vergleich zu 122,2 im vorangegangenen Jahr, was in der obigen Tabelle demonstriert ist. Diese Tatsache zeigt an, daß es eine Grenze für die beschleunigte Durchsetzung der Erneuerung des fixen Kapitals, hervorgerufen durch technologische Neuerungen, gibt.[6]

Die unterschiedliche Schnelligkeit, mit der modernere Ausrüstungen eingeführt werden, bedingt durch die Unterschiede im Umfang und der Lebenszeit des fixen Kapitals infolge der Unterschiedlichkeit einerseits der Abteilungen, andererseits der Arten der Arbeitsmittel, hat hervorragende Bedeutung für das

[6] Vgl. die folgenden Worte von Marx: „. . . bildet die Masse des fixen Kapitals, die in einer bestimmten Materialform angelegt ist und innerhalb derselben eine bestimmte Durchschnittslebenszeit auszudauern hat, einen Grund, der nur allmählichen Einführung neuer Maschinen etc., und daher ein Hindernis gegen die rasche allgemeine Einführung der verbesserten Arbeitsmittel.“ Marx, Karl, a. a. O., S. 164, 165.

Tempo des moralischen Verschleißes des vorhandenen fixen Kapitals. In der obigen Illustration stellen die Ausrüstungen, die durch modernere im Belauf von 60 innerhalb von zwei Jahren erneuert wurden, 1/5 des ursprünglich investierten fixen Kapitals dar. Die restlichen 30 in jedem Jahr (60 im Verlauf von zwei Jahren) würden durch die neueste, verbesserte Maschinerie ersetzt werden etc., falls sie nicht Neukonstruktionen darstellen. Deshalb würden 120 von den ursprünglichen 300 durch die allerneuesten Ausrüstungen erneuert werden müssen. Mit der gesteigerten Produktivität kraft der höheren Wirksamkeit dieser neuen Ausrüstungen würde der moralische Verschleiß der verbleibenden 180 der alten Ausrüstungen bedeutend gefördert werden, selbst wenn die letzteren vom technischen Standpunkt eine weitaus größere Lebensdauer hätten. Darüber hinaus ist die durchschnittliche Umschlagszeit des fixen Kapitals in dieser Abteilung mit nur 5 Jahren angenommen und entsprechend würde der Verschleiß der Ausrüstugen hier weitaus schneller vonstatten gehen, falls ihre Erneuerung in der Periode der Geschäftsaktivität, wie vorher erwähnt, extensiv stattgefunden hätte.

Im Gegensatz dazu erreichen im Falle von IRa die erneuerten moderneren Anlagen 59 im Vergleich zum ursprüngliche investierten fixen Kapital von 400, was nur 15% des letzteren ausmacht. Selbst diese Zahl beträgt das Dreifache des durchschnittlichen Ersatzes von 20. Wenn wir sie mit dem entsprechenden Umfang des Ersatzes in II vergleichen, finden wir, daß die Wirkung hinsichtlich der Förderung des moralischen Verschleißes der alten Ausrüstungen in IRa vermutlich weit stärker gehemmt wird.

Dieses Problem hat seine eigene Bedeutung im Zusammenhang mit der Periode des industriellen Zyklus, der Periodizität der Krisen und den Besonderheiten des Aufschwungs sowohl als auch der Tiefe der Krise und der Depression in jedem Zyklus. Über das Verhältnis zwischen der Umschlagsperiode des fixen Kapitals und der Periode des industriellen Zyklus können wir viel aus den folgenden bekannten Worten von MARX lernen:

> „In demselben Maße also, worin sich mit der Entwicklung der kapitalistischen Produktionsweise der Wertumfang und die Lebensdauer des angewandten fixen Kapitals entwickelt, entwickelt sich das Leben der Industrie und des industriellen Kapitals in jeder besonderen Anlage zu einem vieljährigen, sage im Durchschnitt zehnjährigen. Wenn einerseits die Entwicklung des fixen Kapitals dieses Leben ausdehnt, so wird es andererseits abgekürzt durch die beständige Umwälzung der Produktionsmittel, die ebenfalls mit der Entwicklung der kapitalistischen Produktionsweise beständig zunimmt. Mit ihr daher auch der Wechsel der Produktionsmittel und die Notwendigkeit ihres beständigen Ersatzes infolge des moralischen Verschleißes, lange bevor sie physisch ausgelebt sind. Man kann annehmen, daß für die entscheidendsten Zweige der großen Industrie dieser Lebenszyklus jetzt im Durchschnitt ein zehnjähriger ist. Doch kommt es hier nicht auf die bestimmte Zahl an. Soviel ergibt sich: Durch diesen eine Reihe von Jahren umfassenden Zyklus von zusammenhängenden Umschlägen, in welchen das Kapital durch seinen fixen Bestandteil gebannt ist, ergibt sich eine materielle Grundlage der periodischen Krisen, worin das Geschäft aufeinanderfolgende Perioden der Abspannung, mittleren Lebendigkeit, Überstürzung, Krise durchmacht. Es sind zwar die Perioden, worin Kapital angelegt wird, sehr verschiedene und auseinanderfallende. Indessen bildet die Krise immer den Ausgangspunkt einer großen Neuanlage. Also auch — die ganze Gesellschaft betrachtet — mehr oder minder eine neue materielle Grundlage für den nächsten Umschlagszyklus."[7]

[7] Ebenda, S. 180.

Überakkumulation und Überproduktion von Kapital werden durch die Krise beseitigt, und in einem gewissen Stadium der Depression mit der Wiederherstellung sowohl eines Gleichgewichts als auch einer normalen Profitrate wird die Bewegung zur Erneuerung des fixen Kapitals zuerst durch die mächtigen Unternehmen begonnen. In dem Maß, wie die Bewegung allmählich die Oberhand bei anderen Unternehmen gewinnt, wird das Durchschnittsniveau im Ersatz des fixen Kapitals wieder hergestellt und der Zyklus tritt in ein Stadium mittlerer Aktivität ein. Früher oder später beginnt eine Phase enormer Investitionen für die Erweiterung der Produktion auf großer Stufenleiter im gesamtgesellschaftlichen Maßstab und übt einen starken Nachfragedruck sowohl für den Ersatz als auch für die Erweiterung des fixen Kapitals aus, auf diese Weise zieht dann die Überstürzung heran. Diese Bewegung kann als Resultat der obigen Analyse abgeleitet werden, die sehr ins Einzelne ging. Die Krise beseitigt die Disproportionalität, die durch die vorangegangene Bewegung stark intensiviert wurde und eröffnet dem Zyklus der gesellschaftlichen Produktion erneut die Bahn. Entsprechend kann sie „den Ausgangspunkt einer großen Neuanlage" sowie „mehr oder minder eine neue materielle Grundlage für den nächsten Umschlagszyklus" darstellen.

Jedoch beseitigt die Krise Überproduktion und Überakkumulation auf drastische und sehr destruktive Weise, um so die Proportionalität der gesellschaftlichen Produktion wieder herzustellen und dem Zyklus eine neue Bahn zu eröffnen. Rapider Preisfall, Rückgang des Profits oder Zunahme der Verluste in allen Unternehmen, Einschränkung der Produktion, Schließung von Fabriken, Bankrotte, brachliegendes Kapital und Anwachsen der Arbeitslosigkeit treten nach und nach auf. Daß ein großer Teil des vorhandenen Kapitalwerts durch den Ausbruch der Krise vernichtet wurde, gibt den leitenden Unternehmen, die sich über die Krise hinüberretteten neue Möglichkeiten, Profit zu erzielen und veranlaßt sie, wieder mit dem Ersatz von fixem Kapital zu beginnen. Erst nach dem Ausbruch der Krise realisieren die technologischen Veränderungen, die im Stadium der Aktivität und Prosperität betrieben wurden, tatsächlich den moralischen Verschleiß der alten Ausrüstungen und fördern in bedeutendem Maße ihre Verschrottung. Die destruktiven Agentien, die die Verbesserung der Produktionsmethoden, die technologischen Neuerungen oder die Entwicklung der Produktivkräfte unter den Bedingungen der kapitalistischen Produktion an den Tag legen, werden mit dem Ausbruch der Krise besonders deutlich. Sie verflechten sich mit den destruktiven Wirkungen der Krise selbst. In der Periode des Aufschwungs und der Hochkonjunktur können sich infolge des Anwachsens der effektiven Nachfrage auf dem Markt die alten unmodernen Ausrüstungen noch an der Peripherie des Geschäftslebens parallel neben den modernisierten halten. Die Krise fegt solche Grenzunternehmen und Grenzausrüstungen hinweg. Je durchgehender die technischen Neuerungen sind, umso zahlreicher müssen die alten Ausrüstungen aus dem Geschäftsleben vor Beendigung ihrer ursprünglichen Lebensdauer verschwinden.

„. . . zwingt der Konkurrenzkampf, namentlich bei entscheidenden Umwälzungen, die alten Arbeitsmittel vor ihrem natürlichen Lebensende durch die neuen zu ersetzen. Es sind hauptsächlich Katastrophen, Krisen, die solche vorzeitige Erneuerung des Betriebsgeräts auf größerer gesellschaftlicher Stufenleiter erzwingen."[8]

[8] Ebenda, S. 165.

In den vorangehenden Paragraphen haben wir nur im allgemeinen die Bedeutung der Umschlagszeit des fixen Kapitals für die Periodizität des industriellen Zyklus und der Krise, speziell vom Standpunkt des moralischen Verschleißes der Arbeitsmittel infolge der Verbesserungen und Neuerungen in den Produktionsmethoden untersucht. Aufmerksamkeit muß der Tatsache geschenkt werden, daß die Unterschiede sowohl im Umfang der Investitionen für fixes Kapital als auch in der Zeit ihres zyklischen Umschlags auf verschiedene Art die Periode des industriellen Zyklus beeinflussen. Es unterliegt keinem Zweifel, daß zum Beispiel eine Einführung moderner Ausrüstungen in hinreichend großem Ausmaß in der Abteilung, die Konsumtionsmittel liefert, mehr oder weniger die erweiterte Reproduktion stimulieren würde und eine allseitige Geschäftsaktivität durch die induzierte Nachfrage für die Erneuerung des fixen Kapitals in anderen Abteilungen hervorrufen würde. Wenn hier die erneuerten Ausrüstungen in den Abteilungen, die Arbeitsmittel und ihre Materialien liefern (IA und IRa), im Vergleich zu den gesamten ursprünglichen Ausrüstungen nicht so groß sind und die letzteren selbst eine so lange Lebensdauer haben, daß die meisten von ihnen noch nicht den Punkt erreicht haben, wo sie erneuert werden müssen, so wird die Erneuerung des fixen Kapitals im gesamtgesellschaftlichen Rahmen einen bestimmten begrenzten Umfang nicht überschreiten infolge der oben festgestellten Umstände. Unter solchen Bedingungen hat die Wiederbelebung des Geschäfts, wenn sie durch bestimmte technologische Neuerungen hervorgerufen ist, ihre eigenen Grenzen für die Ausbreitung der Belebung und Konjunktur über die gesamte Wirtschaft.

Auf der anderen Seite ist der Stimulus eines solchen Ersatzes für die erweiterte Reproduktion und die Geschäftsaktivität sehr stark, wenn die revolutionierende technologische Veränderung in der Abteilung auftritt, in der der Umfang des fixen Kapitals enorm und seine Lebensdauer lang ist und entsprechend der moralische Verschleiß und die Veraltung der vorhandenen Ausrüstungen dort gefördert werden, so daß der größere Teil des fixen Kapitals nun ersetzt werden muß. Die Bewegung schreitet auf gesamtgesellschaftlicher Stufenleiter fort, da sie auch den Ersatz der Ausrüstungen in den Abteilungen einschließt, wo die Lebensdauer des fixen Kapitals nicht sehr lang ist, wie in II in der obigen Illustration. Da es lange Zeit erfordert, in den Abteilungen, die Arbeitsmittel und Rohstoffe dafür liefern, Ausrüstungen zu bauen, würde die Periode der Belebung in diesem Fall ebenfalls verlängert. Je größer der prozentuale Anteil des fixen Kapitals solcher Abteilungen am gesellschaftlichen Gesamtkapital ist, umso größer würden die Auswirkungen solcher Beziehungen auf den industriellen Zyklus sein.

Der Umstand, daß mit der Entwicklung des Kapitalismus die Schwerindustrie, die Arbeitsmittel und die Materialien für sie liefert, mehr und mehr an Bedeutung innerhalb der gesamten Industriestruktur zunimmt, muß unter dem obigen Gesichtspunkt großen Einfluß auf den Verlauf des Geschäftszyklus haben. Wir müssen deshalb sorgfältig die Worte von Marx beachten, wenn er sagt, „daß für die entscheidendsten Zweige der großen Industrie dieser Lebenszyklus jetzt im Durchschnitt ein zehnjähriger ist.“ Im Verlauf der historischen Entwicklung der modernen Industrie haben sich diese „entscheidendsten Zweige“ von einem Feld auf andere verlagert.

5. Schlußfolgerungen

Aus den obigen Feststellungen ersehen wir, daß die Realität des industriellen Zyklus und der Krise stark von historischen Besonderheiten durchdrungen ist. Natürlich kann der Ausdruck „historische Besonderheiten“ hier so weit gebraucht werden, wie diese in der Struktur der Industrien feststellbar sind. In den industriellen Zyklen von annähernd zehnjährigen Perioden kommt es vor, daß Belebung und Aufschwung in dem einen Fall nicht so weitreichend und nicht so hochgespannt sind, wie in einem anderen Fall. In der gleichen obigen Illustration würde, falls in einen industriellen Zyklus mit zehnjähriger Dauer die Produktionserweiterung und die Geschäftsaktivität in der Form auftreten, daß die ganze Industrie in einen sprunghaften Fortschritt eintritt und der Ersatz und die Erweiterung des fixen Kapitals in allen Abteilungen zum größten Teile in dieser Periode durchgeführt worden sind, in dem folgenden Zyklus mit einer gleichen zehnjährigen Dauer ein ausgeprägter Boom, der durch die Erneuerung von Ausrüstungen mit zwanzigjähriger Lebensdauer hervorgerufen werden könnte, nicht stattfinden. Wenn die technologischen Veränderungen in einem solchen Fall nicht so auffallend sind, würde der Stimulus zur Erweiterung der Produktion und zur Fortsetzung des Aufschwungs nicht so stark sein.[9]

Aber nachdem ein solcher Zyklus ausgelaufen ist und die Erneuerung des fixen Kapitals begleitet von rapiden technologischen Veränderungen in den meisten Abteilungen stattfindet, würde, beschworen durch sie, sowohl die Tiefe und Breite als auch die Kontinuität des Aufschwungs diejenige während des letzten Zyklus weit überschreiten. Derartige Eigentümlichkeiten kann man nicht nur in jedem Zyklus im Verlauf der Geschichte der industriellen Zyklen feststellen, sondern auch im Charakter der Zyklen in jedem kapitalistischen Land von dem Zeitpunkt an, an dem das Land seine eigene Industriestruktur besitzt.

Die Besonderheit des industriellen Zyklus bestimmt die Natur des Kollapses oder der Krise. Je höher und akuter die Hochspannung des Booms in der Aufschwungphase ist, umso drastischer und zerstörender wird der nachfolgende Kollaps sein. Je übermäßiger die Überakkumulation in allen Abteilungen vorgeht, desto längere Zeit ist nötig, sie zu liquidieren. Je ausgeprägter die technologischen Veränderungen bei der Erweiterung der Ausrüstungen und der Stufenleiter der Reproduktion, die in der Aufschwungsphase stattfanden, im allgemeinen sind, desto spürbarer würden die Überproduktion und das Ungleichgewicht, die sich mit dem Ausbruch der Krise offenbaren, sein. Das ist der Grund, weshalb in den Abteilungen, wo die Wirtschaftskontrolle durch monopolistische Organisationen bereits errichtet ist, die Beschränkung der Produktion in weit größerem Ausmaß durchgeführt wird.

[9] In der Belebung nach der sogenannten Großen Krise in den 30er Jahren in den USA wurde darauf hingewiesen, daß die „Erholung im Bereich der gesamten langlebigen Produktionsmittel und des Geschäftsbaus das Vorkrisenniveau beträchtlich unterschritt . . .“ (Zitiert nach Kuznetz, Simon, „Warenstrom und Kapitalbildung in der jüngsten Erholung und Rückgang, 1932—1938“, Bulletin Nr. 74, National Bureau of Economic Research (1939) S. 10, in Roose D. Kenneth, „The Economics of Recession and Revival, An Interpretation of 1937—38“, S. 180.)

Entsprechend dem Umfang der Neuerungen und dem Ausmaß der Überproduktion wird die Verschrottung alter Ausrüstungen als das Resultat derartiger technologischer Veränderungen, das im Stadium der Krise und Depression auftritt, größer werden. Eine solche Verschrottung bedroht manchmal die Existenz der Monopole selbst. Wie die Steuerpolitik und das zentralisierte Geld- und Kreditsystem sowie das manipulierte Währungssystem in den kapitalistischen Ländern gegenwärtig im Dienste der Monopole stehen — enorme Militärbudgets, rapide Erneuerung strategischer und taktischer Waffen, Export von Kriegsmaterial usw. — diese ganze Situation ist ohne die Krisenangst unverständlich.

Wachsende Ungleichmäßigkeit in der Entwicklung der kapitalistischen Länder

S. Menschikow

Einer der wichtigsten objektiven Prozesse, der zum Verfall und zur Zersetzung des kapitalistischen Systems, zur Schwächung und Zerrüttung seiner Grundlagen sowie zur Vertiefung seiner Widersprüche beiträgt, ist das fortschreitende Anwachsen der Ungleichmäßigkeit der ökonomischen und politischen Entwicklung der kapitalistischen Länder.

Die ungleichmäßige Entwicklung einzelner Unternehmen, Länder und Staatengruppen ist eine allgemeine Gesetzmäßigkeit, die den Kapitalismus in allen Etappen seiner Existenz charakterisiert. In der Periode des vormonopolistischen Kapitalismus, als die Entwicklung dieser Gesellschaftsordnung sich in aufsteigender Linie befand, hatte das Gesetz der Ungleichmäßigkeit nicht so scharfe und katastrophale Folgen. Die Situation veränderte sich zu Beginn des 20. Jahrhunderts, als die territoriale Aufteilung der Welt unter einige imperialistische Mächte beendet war und die Konzentration der Produktion und des Kapitals eine so hohe Stufe erreicht hatte, daß die Nutzbarmachung des technisch-wissenschaftlichen Fortschritts zur Grundlage für die sprunghafte Entwicklung einzelner Länder in einzelnen Perioden wurde. Mit Anbruch des monopolistischen Stadiums führte das unvermeidlich einerseits zu weltweiten militärischen Konflikten um die Neuaufteilung der bereits aufgeteilten Welt, um Kolonien und andererseits zur Schwächung des imperialistischen Systems, zum ungleichmäßigen Heranreifen der Voraussetzungen der sozialistischen Revolution, zum Durchbruch der Front des Imperialismus an seinen schwächsten Stellen.

Als danach der erste sozialistische Staat entstand, wirkte das Gesetz der Ungleichmäßigkeit in seiner bisherigen Form weiter: Der monopolistische Kapitalismus blieb immer noch das vorherrschende gesellschaftliche System, seine Gesetzmäßigkeiten beeinflußten ausschlaggebend die Entwicklung in der Welt. Wie wirkt jedoch das Gesetz der ungleichmäßigen ökonomischen und politischen Entwicklung des Kapitalismus unter den Bedingungen der Existenz des mächtigen Weltsystems des Sozialismus, das zum entscheidenden Faktor des gesellschaftlichen Lebens wird; da durch die Möglichkeit der Verhütung verhängnisvoller kriegerischer Konflikte den verheerenden Folgen dieser Ungleichmäßigkeit eine bestimmte Schranke gesetzt wird, da der Hauptwiderspruch der Gegenwart — der Widerspruch zwischen Sozialismus und

Ungekürzte Übersetzung aus der sowjetischen Zeitschrift „Weltwirtschaft und internationale Beziehungen“, Nr. 11, Jg. 1963, herausgegeben von der Akademie der Wissenschaften der UdSSR, Institut für Weltwirtschaft und internationale Beziehungen.

Kapitalismus — in gewissem Maße die Formen und den Charakter der Wirkung der Widersprüche zwischen den imperialistischen Mächten veränderte?

Bürgerliche und reformistische Theoretiker behaupten, das Gesetz der Ungleichmäßigkeit büße gegenwärtig seinen starken konfliktreichen Charakter ein und die inneren Widersprüche des imperialistischen Lagers würden schwächer werden. Angeblich werden sie von einer „Interessenharmonie", einer „Einheitsfront" des Kapitalismus angesichts der „kommunistischen Gefahr" abgelöst. Die bürgerliche Propaganda hebt als eines ihrer wichtigsten Argumente die Idee eines „transformierten", im Weltmaßstab organisierten Imperialismus auf ihren Schild.

Die realen Tatsachen der Gegenwart zeigen, daß mit der Stärkung des Weltkapitalismus die Ungleichmäßigkeit der Entwicklung der kapitalistischen Länder sich nicht abschwächt, sondern fortgesetzt zunimmt, die innerimperialistischen Widersprüche nicht abklingen, sondern sich laufend verschärfen. Die Formen, der konkrete Mechanismus dieser Prozesse können sich ändern, jedoch bleibt ihr Wesen unveränderlich.

Die allgemeine Krise des Kapitalismus engt die Sphäre der imperialistischen Allmacht immer mehr ein. Das betrifft solche Länder, die infolge des Sieges der sozialistischen Revolution vollständig aus dem imperialistischen System herausgerissen wurden. Es betrifft auch die jungen souveränen Staaten, die ihre politische Unabhängigkeit errangen; hier erlitt der Kapitalismus noch nicht eine vollständige Niederlage, aber der Imperialismus vermag schon nicht ungeteilt zu herrschen. Durch die fehlende Möglichkeit zur Ausbeutung der Länder, die aus dem kapitalistischen System herausfielen, verstärken die imperialistischen Mächte ständig ihren Anspruch auf den Bereich der Kontrolle anderer Mächte, die in geringerem Maße von der Einengung der Ausbeutungssphäre betroffen wurden.

Das Vordringen des einen oder anderen kapitalistischen Landes in der Produktionssphäre erfordert eine Erweiterung des Absatzmarktes, der Kapitalanlagesphäre, der preisgünstigsten Rohstoffquellen usw. Dieses Problem vermochte der Imperialismus nicht einmal konfliktlos zu lösen, als die Ausbeutungssphäre die gesamte Welt umfaßte, als es relativ leicht war, einen Ausweg zu finden und die Expansion der sich schnell entwickelnden Mächte auf die noch ungenügend beherrschten Bereiche „hinzulenken".

Gegenwärtig reicht selbst eine äußerst kurze Periode der beschleunigten Entwicklung eines Landes dafür aus, mit aller Schärfe die Frage der Aufteilung der Absatzmärkte und der Einflußsphären zu stellen. Selbst eine kurzfristige und nicht einmal eine äußerst wesentliche Vorrangstellung im Tempo eines Landes wird nur durch Verdrängung eines anderen Landes von den Märkten und durch die Verzögerung seiner Entwicklung möglich sein. Die Ungleichmäßigkeit wird stärker, die Störung des Gleichgewichts der Kräfte der imperialistischen Länder immer wahrnehmbarer.

Das fördert die stürmische Entwicklung des staatsmonopolistischen Kapitalismus. Der Konkurrenzkampf verschärft sich infolge der Tatsache, daß die rivalisierenden Monopole sich mit der Macht des Staates vereinigen. Dadurch können den Konkurrenten vernichtende Schläge versetzt werden.

Zugleich erlaubt das Arsenal staatsmonopolistischer Regulierungsmittel kolossale ökonomische und finanzielle Ressourcen einzelner Länder für ein beschleunigtes Wachstum der Produktion zu konzentrieren. Dort wo in der Vergangenheit das Privatkapital in Jahrzehnten die Kräfte anhäufen mußte, um sich auf ein schnelles Vordringen vorzubereiten, sucht heute der staatsmonopolistische Kapitalismus dasselbe Ziel in sehr kurzer Zeit zu erreichen. Diese eigenartige „Ökonomie der Zeit" wurde zu einem der wichtigsten Kriterien für eine verschärfte ungleichmäßige Entwicklung des Kapitalismus.

Ungewöhnlich groß ist auch der Einfluß der gegenwärtigen wissenschaftlich-technischen Revolution. Einerseits schaffen die neuesten Leistungen der Wissenschaft und Technik ungeahnte Möglichkeiten für eine schnelle Entwicklung einzelner Länder, die eher als die anderen diese Errungenschaften in der Produktion anwenden. Andererseits folgen auch Perioden schnellen Anstiegs unvermeidlich Perioden verstärkter Fäulnis und langandauernder Stagnation, wodurch einzelne Länder zurückgedrängt werden, weil andere die zeitweilige Schwächung ihrer Konkurrenten zur Beschleunigung der eigenen Entwicklung ausnutzen.

Schließlich gibt es immer einen ernsten Unterschied zwischen den allgemeinen Bedingungen der Entwicklung des kapitalistischen Systems und den spezifischen Bedingungen einzelner Länder und Bereiche des kapitalistischen Systems. Unter den Bedingungen des allgemeinen Produktionsaufschwungs überleben in der kapitalistischen Welt einzelne Länder die Stagnation und umgekehrt macht sich bei einer Verlangsamung des Entwicklungstempos in einigen Bereichen ein schnelles Produktionswachstum bemerkbar. Der Unterschied zwischen der einheitlichen, weltumfassenden zyklischen Bewegung der Reproduktion und der Ungleichmäßigkeit der ökonomischen Bedingungen in verschiedenen Ländern erreicht gegenwärtig ein noch nie dagewesenes Ausmaß.

Die Hauptetappen der imperialistischen Nachkriegskonkurrenz

In den ersten Nachkriegsjahren erreichte die einige Jahrzehnte andauernde Periode der Erstarkung der Kräfte des amerikanischen Imperialismus und der Schwächung des westeuropäischen Imperialismus einen Kulminationspunkt. Im Ergebnis des zweiten Weltkrieges festigte der amerikanische Imperialismus nicht nur seine führende Rolle in der kapitalistischen Welt, sondern er sicherte sich auch eine solche Monopolstellung durch Ausnutzung der Niederlage oder starken Schwächung aller seiner Hauptkonkurrenten, wie sie selbst England im XIX. Jahrhundert — der Periode seiner höchsten Blütezeit — nicht innehatte.

Die USA hatten die absolute Vorherrschaft in der Weltproduktion, im internationalen Handel, im Kapitalexport und auf dem Valutamarkt. Die geschwächten und erschöpften Konkurrenten befanden sich in den Fesseln des Dollar. Die erschöpfte Weltbourgeoisie erwartete von den USA Hilfe im Kampf gegen Demokratie und Sozialismus. Gerade in diesen Jahren propagierten die amerikanischen Monopole auch die Losung von einer „Weltführung". Die kapitalistischen Führer Amerikas ließen nicht einmal den Gedanken aufkommen, daß nach etwa 10—15 Jahren das Kräfteverhältnis in der imperialistischen Welt sich entschieden verändert. Unterdessen trat gerade das ein. Bereits in der zweiten Hälfte der fünfziger Jahre überschritt der amerikanische Imperialismus offenbar den Höhepunkt seiner Herrschaft in der kapitalistischen Wirtschaft. Die Positionen der amerikanischen Monopole in der Produktion und im Welthandel wurden schwächer, während die Positionen ihrer Hauptkonkurrenten, vor allem diejenigen Westdeutschlands und Japans, merklich stärker wurden.

Tabelle 1

Anteil der imperialistischen Staaten an der Industrieproduktion der kapitalistischen Welt
(in Prozent)

	1929[+]	1937[+]	1948	1962
USA	44,0	41,2	53,9	45,1
England	11,9	14,4	11,3	8,8
Westdeutschland	7,9	8,8	3,6	9,1
Frankreich	6,4	5,0	3,9	4,8
Italien	3,8	3,4	2,6	4,3
Japan	—	2,6	1,0	4,8

[+] Gesamtdeutschland

Es wäre falsch, anzunehmen, daß die Zurückdrängung des amerikanischen Imperialismus im Bereich der industriellen Produktion nur eine kurzfristige konjunkturelle Tendenz sei und lediglich eine „naturgemäße Beseitigung der Unregelmäßigkeiten der ersten Nachkriegsjahre“ stattfinde, wie es die Apologeten der USA-Monopole behaupten. Es genügt ein Blick auf die Zahlen der Vorkriegszeit, um sich von der folgenschweren und langfristigen Eigenschaft dieses Prozesses zu überzeugen. Als 1929 die USA sich auf der Höhe des Aufschwungs zwischen den beiden Weltkriegen befanden, machte ihr Anteil an der Industrieproduktion der kapitalistischen Welt 44 Prozent aus; das ist genausoviel wie 1961 und kaum weniger als 1962. (1962 war der Zuwachs der Industrieproduktion in den USA nach dem Krisenjahr 1961 höher, als im allgemeinen in den kapitalistischen Ländern.) So erwies sich der amerikanische Imperialismus um mehr als drei Jahrzehnte zurückgeworfen. *Es handelt sich um eine außerordentlich starke Zuspitzung der sprunghaften Entwicklung im gegenwärtigen Kapitalismus.*

Von 1953 bis 1962 wuchs die Industrieproduktion der Vereinigten Staaten um 29 Prozent an, während sie in Westdeutschland um 99 Prozent, in Frankreich um 98 Prozent, in Italien um 122 Prozent, in Westeuropa insgesamt um 70 Prozent und in Japan um 238 Prozent anwuchs. Lediglich die niedrigen Zuwachsraten Englands waren mit den amerikanischen vergleichbar (30 Prozent). Wie erklärt sich der so bedeutende Unterschied, insbesondere das überaus hohe Zuwachstempo in einer Reihe westeuropäischer Länder sowie auch in Japan? Die herrschenden Kreise dieser Länder verkündeten, bei ihnen vollziehe sich eine „Erneuerung“ der kapitalistischen Ordnung, es geschehe ein großes Wirtschafts-„Wunder“. In Wirklichkeit erklären sich die Besonderheiten des industriellen Aufschwungs in den genannten Ländern aus konkreten materiellen Beweggründen und haben absolut nichts zu tun mit „Wundern“ oder einer sogenannten „Transformation“, einer „Verjüngung“ des Kapitalismus etc.

Erstens war ein bedeutender Teil der Industrie und des Wohnungswesens in Frankreich, Westdeutschland, Italien und Japan zerstört, demontiert oder im Laufe des Krieges, der Okkupation und des ökonomischen Verfalls unbrauchbar geworden. An und für sich erfordert das einen so rasch wachsenden Aufbau der Industrie und des Wohnungswesens, der den Aufschwung für eine lange Zeitspanne stimuliert hätte. Außerdem vollzog sich der Wiederaufbau des Zerstörten zeitlich und räumlich sehr ungleichmäßig. So erreichten zum Beispiel

Frankreich und Italien den Vorkriegsstand der industriellen Produktion zu einer Zeit, als die Periode des Wiederaufbaus in Westdeutschland und Japan noch nicht begonnen hatte. Hauptsächlich wurde in der Brennstoffindustrie und Metallurgie investiert, erst danach folgten der Maschinenbau, die Chemie sowie Zweige der Leichtindustrie und schließlich an letzter Stelle der Wohnungsbau. Auf diese Weise zog sich der Wiederaufbau über lange Jahre hin und die Reserven für das allgemeine Anwachsen der Produktion wurden schrittweise wirksam.

Zweitens war der ökonomische Wiederaufbau fast überall mit der massenweisen technischen Rekonstruktion verbunden, in deren Ergebnis eine große zusätzliche Nachfrage nach Ausrüstungen entstand. Die technische Erneuerung bot von Anfang an den Industriellen dieser Länder — in erster Linie Westdeutschlands und Japans — besondere Vorteile besonders durch die niedrigen Produktionskosten sowie durch die hohe Konkurrenzfähigkeit auf den Außenmärkten. Ferner nutzten die Monopole dieser Länder in der ersten Periode des Wiederaufbaus, aber auch später in breitem Maße die neuesten technischen Erfolge anderer Staaten besonders der USA — aus.

Drittens folgte nach Vollendung der Periode des Wiederaufbaus in den genannten Ländern die Zeitspanne der wissenschaftlich-technischen Revolution. Diese Revolution begann in Westeuropa und Japan viel später als in den Vereinigten Staaten — im wesentlichen erst ab Mitte der fünfziger Jahre — und verläuft gegenwärtig intensiver als in den USA. So folgte auf die erste sogleich eine zweite Welle der technischen Rekonstruktion. Nach Abschluß der Abkommen von Rom im Jahre 1957 wurde die beschleunigte Einführung technischer Neuerungen in Frankreich, Italien und Westdeutschland sowie in einer Reihe anderer Länder durch die heftige Verschärfung der imperialistischen Konkurrenz im „Gemeinsamen Markt" stimuliert.

Viertens mußten sich einige Länder, zum Beispiel Westdeutschland und Japan, in der Nachkriegsperiode gründlich auf neue Absatzmärkte umorientieren. Es genügt, sich daran zu erinnern, daß in der Vorkriegszeit der Anteil der UdSSR und der Länder der jetzigen europäischen Staaten der Volksdemokratie, einschließlich der DDR, am Warenexport Westdeutschlands rund 60 Prozent betrug, der Anteil Chinas und anderer sozialistischer Länder Asiens am Export Japans rund ein Drittel. Die Verletzung dieses Warenaustausches nach dem Kriege — durch Schuld des amerikanischen Imperialismus und seiner Handlanger in Bonn und Tokio — zwang die Industriellen Westdeutschlands und Japans zur Suche nach neuen Märkten und nach Möglichkeiten der Exporterweiterung.

Im Ergebnis einer solchen langwierigen und äußerst beschwerlichen Umorientierung — wurden in diesen Ländern neue Industriezweige geschaffen, die hauptsächlich für den Export (zum Beispiel Automobile) produzieren.

Schließlich spielte fünftens die Tatsache eine nicht geringe Rolle, daß die Rüstungsausgaben in den besiegten Ländern — Westdeutschland, Italien und Japan — bis in die jüngste Zeit relativ gering waren. Das erlaubte den Monopolen mit Hilfe der staatsmonopolkapitalistischen Regulierung, den Prozeß der Kapitalakkumulation zu beschleunigen, die freien finanziellen Mittel in einem Zentrum zu konzentrieren und den Investitionsfluß in die Schlüsselbereiche der Wirtschaft zu lenken, um sich zusätzliche Vorteile im Kampf um die Außenmärkte zu schaffen.

Der schnelle Vorstoß dieser Länder war nur möglich durch die große Hilfe, die deren Monopole durch das Finanzkapital der USA erhielten. Hier offenbart sich die Eigenart der Klassensolidarität der internationalen Finanzoligarchie sowie das Streben der Wall-Street, den Kapitalismus in Europa und Asien vor dem Untergang zu bewahren. Letzten Endes richtete sich das alles in ökonomischer Beziehung gegen die USA selbst. Es ermöglichte ihren Konkurrenten sich in kürzester Frist selbständig zu machen und den Einbruch in die Positionen ihrer „Wohltäter" zu organisieren. Man muß ferner beachten, daß in einigen Ländern Westeuropas die Erfolge des ökonomischen und politischen Kampfes der Arbeiterklasse eine besonders wichtige Rolle im Zusammenhang mit dem hohen Tempo der industriellen Entwicklung spielen. Das trifft vor allem für Italien zu.

So zeichnen sich deutlich zwei Hauptetappen bei der Veränderung des Kräfteverhältnisses zwischen den imperialistischen Staaten nach dem zweiten Weltkrieg ab. Die erste Etappe umfaßt die Zeit bis zum Ende der vierziger Jahre. Der amerikanische Imperialismus nutzte seine absolute Überlegenheit über seine Konkurrenten aus. In der zweiten Etappe (fünfziger bis Anfang der sechziger Jahre) erstarkten die Positionen einer Reihe westeuropäischer Länder und auch Japans auf Kosten des amerikanischen Imperialismus. Dennoch bleiben die USA die führende imperialistische Macht, der Hauptausbeuter und Gendarm in der Welt mit der größten Rüstungskapazität im imperialistischen Lager.

Die ökonomischen Fehden zwischen den imperialistischen Ländern

Die ökonomische Rivalität der imperialistischen Mächte entwickelt sich hauptsächlich in drei Bereichen: im Bereich des internationalen Handels („Handelskrieg"), des Kapitalexportes und der Valutasphäre. Diese Bereiche sind eng miteinander verbunden: der Kampf um die Märkte, die Kapitalanlagesphären und die Vorherrschaft im Bereich der Währung stellen eine gemeinsame, einheitliche Kampffront der Monopole für die Neuaufteilung der kapitalistischen Welt dar.

Die Ergebnisse der Handelskonkurrenz der imperialistischen Hauptmächte sind aus folgender Tabelle ersichtlich:

Anteil einzelner Länder am Gesamtexport der kapitalistischen Welt (in Prozent)

	1937	1947	1962
Westeuropa insgesamt:	42,9	28,5	46,9
darunter:			
Westdeutschland	10,1	0,5	10,7
England	11,2	9,8	8,6
Frankreich	4,1	4,0	6,0
Italien	2,4	1,4	3,8
USA	14,2	32,5	17,3
Japan	5,1	0,4	4,0

Es fallen vor allem die starken Ungleichmäßigkeiten in der Lage der amerikanischen Monopole auf. Wenn sie noch in den zwanziger Jahren beim Warenexport die erste Stelle in der Welt einnahmen, so war ihre Vorrangstellung den deutschen und englischen Monopolen gegenüber nicht sehr groß. Vor dem zweiten Weltkrieg exportierte Westeuropa insgesamt dreimal soviel Waren wie die USA. Lediglich nach Kriegsende vermochten die USA einen beträchtlichen Vorsprung zu erzielen, wobei das nicht so sehr auf die Anwendung der Mittel des üblichen Konkurrenzkampfes, sondern vielmehr auf die Ausnutzung der Schwäche ihrer Konkurrenten zurückzuführen war, die zu dieser Zeit keinen Widerstand zu leisten vermochten.

Die Periode der ungestörten Herrschaft der USA auf den Märkten erwies sich als kurzlebig. Der maximale Umfang ihres Exportes wurde 1957 erreicht und seitdem nicht wieder übertroffen. Die Stagnation des amerikanischen Exportes führt unter den Bedingungen des allgemein anwachsenden Welthandels zu einer starken Verringerung des USA-Anteils. Es geht dabei nicht nur um den Verlust der Märkte, die in den ersten Nachkriegsjahren erorbert wurden. Wenn der Anteil der USA gegenwärtig noch höher ist als 1937, so sank er faktisch auf den maximalen Stand, der zwischen den beiden Weltkriegen im Jahre 1929 erreicht worden war, nämlich auf 17 Prozent. England, das vor dem zweiten Weltkrieg ständig als Hauptkonkurrent der Vereinigten Staaten galt, konnte seine Positionen ebenfalls nicht halten. Lediglich als in den ersten Nachkriegsjahren die westdeutschen und japanischen Konkurrenten auf den Märkten faktisch ausgeschaltet waren, fühlten sich die englischen Monopole relativ sicher, obgleich ihr Anteil am Weltexport auch in diesen Jahren zu sinken begann und die Kluft zwischen England und den USA sich auf das 7,5fache erhöhte. Danach vermochte England den wiederauflebenden westdeutschen und japanischen Trusts nicht zu widerstehen und verlor Ende der fünfziger Jahre seinen traditionellen Platz im Weltexport (1962 auch in der Industrieproduktion).

Seit der Mitte der fünfziger Jahre begann eine ungestüme Expansion der Monopole Westdeutschlands, Italiens und Japans. Besonders erfolgreich entwickelten sich die westdeutschen Monopole. Sie eroberten einen solchen Teil des kapitalistischen Weltmarktes, wie ihn ganz Deutschland vor dem Kriege nicht besaß. Bei einem Vergleich der Marktpositionen der Monopole der imperialistischen Hauptländer muß bemerkt werden, daß die Gesamtexportzahlen die Ausfuhr landwirtschaftlicher Waren und Rohstoffe beinhalten, während der Kampf hauptsächlich auf den Märkten für industrielle Fertigwaren geführt wird. Das ist die entscheidende Sphäre des Handelskrieges zwischen den imperialistischen Ländern und hier sind die Positionen der USA noch unbeständiger als ihre allgemeine Lage im Welthandel. Wenn der Gesamtexport der Vereinigten Staaten noch immer 1,6 bis 2mal den ihrer nächsten Konkurrenten — Westdeutschland und England — übertrifft, so war beim Export industrieller Fertigwaren kein Unterschied erkennbar. Etwa in der zweiten Hälfte 1961 schlossen die westdeutschen Monopole zu den amerikanischen Trusts auf, und es ist möglich, daß sie künftig die erste Stelle einnehmen werden. Außerdem enthüllen die Gesamtzahlen über den Export nicht die Erfolge, die die westdeutschen und japanischen Monopole beim Eindringen in die Märkte der USA erzielten. Wenn sich bereits in der ersten Hälfte der fünfziger Jahre die Expansion dieser Monopole hauptsächlich gegen England und eine Reihe westeuropäischer Länder richtete, so begann sie danach in zunehmendem Maße die amerikanischen Trusts in ihre „Heimat" zurückzudrängen.

In den letzten zehn Jahren wuchs der Import von Fertigwaren nach den USA auf das 3,5fache an. Von 1950 bis 1961 wuchs der Anteil der Fertigwaren (ohne

Nahrungsmittel, deren Anteil 10—11 Prozent ausmacht sowie ohne Halbfabrikate) am Import von 17 auf 35 Prozent, während der Anteil der Rohstoffe (ohne Lebensmittelrohstoffe mit einer Verringerung von 20 auf 12 Prozent) von 28 auf 20 Prozent sank. Seit 1956 machen die Lieferungen von industriellen Fertigwaren — fast ausschließlich aus Westeuropa und Japan — den Haupt-, anteil des Warenimportes der USA aus. Eine solche Lage ist bisher einmalig seit Amerika zu einer industriellen Großmacht wurde.

Welche Ursache liegt dieser starken Veränderung des Kräfteverhältnisses im internationalen Handel zugrunde? Abgesehen von den allgemeinen Ursachen, die mit den wesentlichen Unterschieden im Tempo der industriellen Entwicklung zusammenhängen, spielt die Schwächung der Konkurrenzfähigkeit der amerikanischen Waren im Vergleich zu den Waren anderer imperialistischer Länder eine Rolle. Der Konkurrenzfähigkeit verschiedener Monopole liegt hauptsächlich ihre allgemeine ökonomisch-finanzielle Macht zugrunde, die es ihnen erlaubt, hohe Monopolpreise auf dem Binnenmarkt zu erzielen, um auf den Außenmärkten die Preise zu unterbieten. In dieser Hinsicht stehen die amerikanischen Trusts ihren Konkurrenten wenig nach, und zuweilen sind sie ihnen weit überlegen. Die Klagen über das amerikanische Dumping beherrschen die Blätter der ausländischen bürgerlichen Presse.

Aber letzten Endes spielen dennoch die vergleichbaren Produktionskosten die Hauptrolle. Zur Zeit sind die Produktionskosten pro Erzeugniseinheit in der bearbeitenden Industrie der westeuropäischen Länder um 15 Prozent niedriger als in der amerikanischen Industrie; in Japan liegen sie noch darunter. Der Selbstkostenpreis westdeutscher Fertigwaren liegt um 18 bis 20 Prozent unter dem der USA. Darin liegt der Hauptgrund für das Zurückdrängen der USA auf dem Weltmarkt. Woher kommt dieser Unterschied in den Produktionskosten? Wie bereits gesagt, verläuft die wissenschaftlich-technische Revolution, die im Vergleich zu den USA in anderen industriell entwickelten kapitalistischen Ländern 10 bis 20 Jahre später begann, dort intensiver, während in den USA die Widersprüche, die durch die Einführung der neuen Technik hervorgerufen wurden, eine lange Periode der Stagnation und eines niedrigen Wachstumstempos bedingten. Die Zunahme der chronischen Nichtauslastung des Produktionsapparates der amerikanischen Industrie verteuert die Produktion. In einigen wichtigen Zweigen, die von außerordentlicher Bedeutung für den Konkurrenzkampf auf dem Weltmarkt sind, haben Westdeutschland und Japan bereits gegenwärtig die amerikanischen Kennziffern der Arbeitsproduktivität entweder erreicht oder übertroffen, wenngleich sie vom Gesamtniveau der Arbeitsproduktivität in den USA noch weit entfernt sind. Gleichzeitig verhindern die Monopole dieser Länder durch Angriffe gegen die Rechte der Arbeiter die Erhöhung des Arbeitslohnes, der im Vergleich zu den USA bedeutend niedriger liegt (in Geld ausgedrückt 2 bis 3mal niedriger). Die Kluft bei den Produktionskosten fördert auch den Übergang, der westeuropäischen Monopole zur Massenproduktion infolge der „Integration" im Rahmen des „Gemeinsamen Marktes". Im imperialistischen Konkurrenzkampf auf den Märkten wird ein breites Arsenal von Mitteln des Handelskrieges angewendet. Hierzu gehören Zollmanipulationen, die Schaffung abgeschlossener Handelsblocks, staatliche Unterstützung einheimischer Exporteure, verschiedene Geheimverfahren zur Schaffung von Vergünstigungen für die eigene Industrie und vieles andere. Infolgedessen entwickelte sich der staatsmonopolistische Kapitalismus außerordentlich stark im Bereich des Außenhandels.

Der Kampf um die Märkte ist auf das engste verbunden mit dem Kampf um Kapitalanlagesphären. Ungeachtet des bedeutenden Anwachsens des Kapitalexports Englands, Frankreichs, Westdeutschlands und einer Reihe anderer Länder haben in diesem Bereich vor allem die Vereinigten Staaten die Vorrangstellung. Auf ihren Anteil entfällt mehr als die Hälfte der Auslandsinvestitionen aller kapitalistischen Länder. Das betrifft sowohl den Export von industriellem Kapital durch die amerikanischen Trusts als auch besonders den Export von Anleihekapital.

Ende 1962 erreichten die Auslandsinvestitionen der USA 80 Milliarden Dollar (das ist eine Erhöhung auf das siebenfache im Vergleich zur Vorkriegszeit).

Tabelle 2

Auslandsinvestitionen
(einschließlich private und staatliche,
in Milliarden Dollar, zum Jahresende)

	1938	1944	1960
USA	11,5	16,0	71,4
England	22,0	13,0	23,0
Frankreich	4,0	1,5	8,0
Westdeutschland	1,8	—	2,5
Andere kapit. Länder	9,5	6,5	12,0
Insgesamt	48,8	37,0	116,9

Zum ersten Mal errangen die amerikanischen Monopole eine Vorrangstellung im Kapitalexport in den zwanziger Jahren, als sie England als ihren nächsten Konkurrenten weit überholten. Aber sie fielen infolge der Krise von 1929 bis 1933 weit zurück. 1938 war die Gesamtsumme ihrer Auslandsanlagen halb so groß wie die Englands. Im Verlaufe des zweiten Weltkrieges verloren die Länder der „Achse" ihre Auslandsinvestitionen völlig, und sie verringerten sich stark bei der erdrückenden Mehrheit der anderen Länder. Unter den Bedingungen der Nachkriegszerrüttung entstand im Laufe einiger Jahre in den Ländern Westeuropas und in Japan ein absoluter Mangel an Geldkapital. Diese Länder waren nicht nur außerstande, es zu exportieren, sondern bedurften selbst großer finanzieller Hilfe. In dieser Situation wurden die USA zum internationalen Kreditgeber, und das amerikanische Industriekapital drang ohne besondere Hindernisse in andere Länder ein.

Von September 1945 bis Dezember 1962 betrug die amerikanische Finanz-„Hilfe" 71 Milliarden Dollar (Schenkungen und Kredite an andere Länder nach den Hilfsprogrammen abzüglich der Rückzahlungen und Tilgungen). Die Auslandsanlagen des staatlichen Anleihekapitals der USA erreichten (Ende 1961) 22 Milliarden Dollar. Diese Expansion erhöhte außerordentlich den finanziellen Abhängigkeitsgrad Westeuropas von den USA. Sie führte zur Einnahme der herrschenden Positionen in der Wirtschaft Kanadas und vieler Länder Lateinamerikas durch amerikanische Trusts. Ferner entstand ein breites Netz ausländischer Filialen und Tochtergesellschaften dieser Trusts in fast allen Ländern Asiens, Afrikas, Westeuropas und Australiens.

In den fünfziger Jahren wurde der Kapitalexport durch andere imperialistische Länder wiederaufgenommen. Er führte noch nicht zu einer wesentlichen Änderung des entstandenen Kräfteverhältnisses, aber der Konkurrenzkampf verschärfte sich enorm. Weder die westdeutschen, noch die japanischen Monopole, die als Handelskonkurrenten anderer imperialistischer Länder erfolgreich hervortraten, haben bisher ihr letztes Wort im Bereich des Kapitalexportes gesprochen.

Deshalb vollzieht sich der Konkurrenzkampf bis jetzt hauptsächlich zwischen den amerikanischen Monopolen einerseits und den englischen sowie zum Teil französischen Monopolen andererseits. Zu den Letzteren gehören auch die jüngeren Partner: die belgischen und holländischen Trusts. Dieser Kampf verläuft mit wechselnden Erfolgen. Die Überlegenheit der amerikanischen Monopole im Bereich der Industrieinvestitionen konzentriert sich hauptsächlich auf die Länder der westlichen Hemisphäre. In Asien, Afrika und Ozeanien bleiben die amerikanischen gegenüber den englischen Anlagen fast überall wesentlich zurück und in einigen Ländern auch gegenüber den französischen und belgischen. Die Vorherrschaft westeuropäischer Monopole ist unbestreitbar auch in der erdrückenden Mehrheit der Zweige ihrer eigenen Länder.

Die Verstärkung des Kampfes der imperialistischen Konkurrenten untereinandert fördert den Zerfall des Kolonialsystems, der direkt die Kapitalanlagesphäre einengt. Vor nicht all zu langer Zeit betraf dies hauptsächlich die „alten" Kolonialmächte, doch wurden in den letzten Jahren die schwachentwickelten Länder besonders nach dem Sieg der kubanischen Revolution und der Verwirklichung einer Reihe von Reformen in den Ländern des Nahen Osten auch für die amerikanischen Investitionen zu einer gefährlichen Zone.

Infolge der augenscheinlichen Verschlechterung des „Investitionsklimas" in den ehemaligen Kolonien und Halbkolonien vollzieht sich eine Umorientierung des Kapitalexportes auf die kapitalistisch entwickelten Länder, eine Intensivierung der Kapitalbewegung zwischen den imperialistischen Ländern untereinander. In den letzten Jahren entfielen rund 85 Prozent der amerikanischen und über 60 Prozent der westdeutschen industriellen Neuanlagen im Ausland auf die kapitalistisch entwickelten Länder. Besonders stark erhöhten sich langfristige Investitionen westeuropäischer, kanadischer, japanischer Monopole in US-amerikanischen Unternehmen und Wertpapieren.

Die gegenseitige ökonomische Durchdringung der Monopole hat ein doppeltes Ergebnis. Es vermehren sich die Intrigen der Finanzoligarchie der imperialistischen Hauptländer. Aber zugleich entsteht die Basis für eine noch tiefere Verschärfung der Widersprüche zwischen ihnen.

Der umfangreiche Kapitalexport und die Existenz eines entwickelten Netzes ausländischer Investitionen festigen die Positionen einiger Länder auf dem Weltmarkt. So wäre es verfrüht, nur auf der Grundlage der Angaben über den Anteil am Weltexport den Schluß zu ziehen, daß die englischen Monopole in ihrem Kampf mit den westdeutschen und japanischen Trusts eine völlige Niederlage erlitten hätten. Man muß berücksichtigen, daß die ausländischen Kapitalanlagen Englands sehr umfangreich sind. Sie stehen allein den amerikanischen Kapitalanlagen nach, aber sie übersteigen neunmal diejenigen Westdeutschlands und in noch höherem Maße die japanischen Auslandsanlagen.

Die amerikanischen Auslandskredite tragen dazu bei, daß die Vereinigten Staaten ihren ersten Platz im internationalen Handel beibehalten. Gleichzeitig verkaufen — nach den offiziellen statistischen Angaben — die amerikanischen Monopole, welche Betriebe der bearbeitenden Industrie im Ausland besitzen, eine Produktion im Betrag von rund 24 Milliarden Dollar pro Jahr. Das ist doppelt soviel wie der Wert der Fertigwaren, die die USA jährlich exportieren.

Zu Beginn der sechziger Jahre entbrannte mit neuer Kraft der „Währungskrieg" zwischen den imperialistischen Mächten. Die Hegemonie der amerikanischen Währung war in den ersten Nachkriegsjahren unumstritten. Die USA konzentrierten den Hauptteil der Weltreserven an Gold. Die Währungen der Mehrheit der anderen kapitalistischen Länder waren nicht konvertierbar. Mehrere Jahre lang hielt sich der Dollarhunger, der es den USA gestattete, selbst die stärksten Staaten Westeuropas finanziell zu fesseln.

Als sich die Positionen der westeuropäischen Länder und Japans auf dem Weltmarkt festigten, der Zustand ihrer Zahlungsbilanzen sich verbesserte, ihre Goldreserven und die ausländische Valute sich erhöhten, begann das Dollardefizit eine Sache der Vergangenheit zu werden. Ende 1958 vermochten die wichtigsten Länder Westeuropas ihre zerrütteten Währungen wiederherzustellen. Die Ausschließlichkeit des Dollars als einer „Währung erster Klasse" war beendet.

Die schnelle Veränderung des Kräfteverhältnisses in der Valutasphäre ist gut zu ersehen aus den Angaben über den Anteil der USA und Westeuropas an den offiziellen Goldreserven der kapitalistischen Welt. Der Anteil der Vereinigten Staaten betrug 50,6 Prozent im Jahre 1937; er erhöhte sich auf 71,1 Prozent im Jahre 1949 (Jahr der massenweisen Devalvation der kapitalistischen Valuta) und sank auf 40,9 Prozent Ende 1962. Eine entgegengesetzte Dynamik ist typisch für die westeuropäischen Länder: starke Verringerung von 40,2 Prozent im Jahre 1937 auf 18,4 Prozent im Jahre 1949 und danach neues Anwachsen auf 42 Prozent im Jahre 1962.

Zum ersten Mal seit mehr als 30 Jahren besitzt Westeuropa Goldreserven, die die Reserven der USA übersteigen. Dazu ist hinzuzufügen, daß sich auch das Kräfteverhältnis zwischen den Hauptkonkurrenten der USA veränderte. Westdeutschland besaß 1949 keinerlei Gold; heute nimmt es den zweiten Platz nach den USA ein, indem es England auf den dritten Platz verdrängte und Frankreich weit hinter sich ließ.

Die Schwächung der Valutapositionen des Dollar ist ein langwieriger Prozeß. Besonders scharfe Formen nahm er seit 1958 an, als das sehr große Zahlungsbilanzdefizit zum ersten Mal zutage trat. Von 1958 bis 1962 erreichte das Defizit die Höhe von 14,7 Milliarden Dollar, der Goldabfluß aus den Kellern von Fort Knox 6,7 Milliarden Dollar und die kurzfristige Auslandsschuld der USA wuchs auf 8 Milliarden Dollar an.

Die tiefen Beweggründe, die die Dollarkrise hervorriefen, bleiben ungeschwächt erhalten. Das Zahlungsbilanzdefizit ist noch lange nicht überwunden, der Goldabfluß setzt sich fort. Das hängt vor allem mit der Schwächung der Konkurrenzpositionen der USA-Monopole auf den Weltmärkten zusammen; aber der Warenimport wächst in der Tendenz systematisch an. Ungeachtet der verringerten Kluft zwischen Ex- und Import sowie des unterhöhlten Gleichgewichts der Zahlungsbilanz wenden die USA nach wie vor ungeheure Rüstungsausgaben für das Ausland auf. Ihre jährlichen Finanzhilfen für die Rüstung der Bündnispartner in der NATO, SEATO und CENTO betragen rund 2 Milliarden Dollar, die Ausgaben für den Unterhalt der amerikanischen Streitkräfte und den Bau von Kriegsbasen auf fremden Territorien rund 3 Milliarden Dollar. Hinzu kommen 2 Milliarden Dollar für Wirtschaftshilfe, 3,5 bis 4 Milliarden Dollar für den Kapitalexport usw. Solange diese Ausgaben und besonders die militärischen sich nicht verändern, wird die Zahlungsbilanz der USA in einem äußerst angespannten Zustand bleiben.

Die Währungskrise der USA hat ihre Kehrseite in einer relativen Stärkung der Valutapositionen einer Reihe westeuropäischer Länder. Zugleich ist dies ein Kennzeichen der Krise des gesamten Währungssystems des Kapitalismus. Erstens setzt sich ein bedeutender Teil der Valutareserven der westeuropäischen, lateinamerikanischen und asiatischen Länder aus Dollarkonten an den New-Yorker Banken zusammen. Auf diese Weise untergräbt die Dollarkrise die Währungslage vieler anderer Länder.

Zweitens ist vor allem die Lage des Pfund Sterling sehr labil. Unter solchen Bedingungen richten sich die Maßnahmen Washingtons zur Rettung des Dollar objektiv gegen die englische Währung. Drittens wurde durch die Änderung des Kräfteverhältnisses der Währungskrieg zwischen Westdeutschland und den USA verstärkt. Er trägt unheilvolle Folgen für alle Beteiligten in sich, weil er die einheitliche Tätigkeit der Zentralbanken und der Regierungen der imperialistischen Mächte untergräbt, die bemüht sind, die Stabilität in den internationalen Beziehungen wiederherzustellen.

Schließlich führte viertens die Beseitigung der Nichtkonvertierbarkeit der westeuropäischen Währungen zum Wiederaufleben der chaotischen internationalen Wanderung des kurzfristigen Anleihekapitals, indem es sich den Gesetzen der Spekulation und den Schwankungen der Zinssätze unterwirft. Das stellt eine Gefahr für eine unerwartete Krise der Zahlungsbilanzen aller und vor allem der besonders „wohlhabenden" kapitalistischen Staaten dar.

Der Kampf um die ökonomische Neuaufteilung der Welt

Die unerbittliche innere Gesetzmäßigkeit der imperialistischen Konkurrenz stellte erneut die Frage nach der ökonomischen Neuaufteilung der kapitalistischen Welt. Die in den internationalen Kartellabkommen festgelegte Aufteilung der Märkte beschränkt sich nur auf den Teil der Welt, in dem die kapitalistische Ordnung ungeschwächt erhalten blieb. Deshalb sind die internationalen Kartelle noch unbeständiger als in früheren Zeiten: ihre Allmacht wird gegenwärtig durch das sozialistische Staatensystem untergraben, das neuentwickelte Wirtschaftsbeziehungen zu vielen kapitalistischen Ländern unterhält. Ferner schließt die Entwicklung des Staatskapitalismus in den schwachentwickelten Ländern häufig nicht nur eine Ausdehnung der Kartellabkommen auf ihre Verhältnisse von vornherein aus, sondern sie bildet die Grundlage für die Schaffung antiimperialistischer Wirtschafts- und Handelsbündnisse, die gegen die monopolistischen Kartelle gerichtet sind. Zugleich bleibt die Sphäre breit genug, wo die Entstehung internationaler Kartelle, Syndikate, Trusts und Konzerne eine grundlegende Gesetzmäßigkeit bleibt. Der Mechanismus ihrer Entstehung bleibt der Gleiche wie früher, das Wesen seiner Tätigkeit — die ökonomische Aufteilung und Neuaufteilung der kapitalistischen Welt — bleibt unveränderlich. Durch den zweiten Weltkrieg wurde das alte internationale Kartellsystem einschneidend verändert. Die Mehrzahl der Vorkriegskartelle war auf Initiative englischer und deutscher Monopole entstanden und nahm eine Vorrangstellung ein. Die amerikanischen Trusts beteiligten sich an vielen Kartellen, jedoch spielten sie dort keine führende Rolle. Als in den ersten Nachkriegsjahren die USA-Monopole die absolute Vorherrschaft auf vielen Warenmärkten erlangten, diktierten sie ihren Partnern auf Grund der Auflösung der alten Kartelle allein die Aufteilung der Einflußsphären. Es tauchten neue Kartellvereinbarungen auf, in denen das amerikanische Kapital eine vorherrschende Rolle spielte.

Aber schon in der zweiten Hälfte der fünfziger Jahre entstand durch das starke Sinken des Anteils der Vereinigten Staaten an der Industrieproduktion und am Export der kapitalistischen Staaten ein zweites Kartellsystem, das mit dem ersten Zentrum zu konkurrieren begann. Das waren die westeuropäischen Monopole, die sich um die monopolistische Allianz Westdeutschland—Frankreich gruppierten. Nach Schaffung des „Gemeinsamen Marktes" entstand eine Vielzahl neuer Zweigniederlassungen und Vereinigungen der sechs westeuropäischen Länder sowie einheitlicher Finanzierungszentren und Absatzagenturen.

In diesen neuen Vereinigungen sind die amerikanischen Gesellschaften entweder gar nicht vertreten oder sie spielen eine zweitrangige Rolle. Erschreckt durch das Anwachsen einer Vielzahl solcher Monopolvereinigungen, versuchen die englischen Trusts mit ihnen Kontakte anzuknüpfen, um nicht von ihren Märkten verdrängt zu werden. Das Anwachsen internationaler Kartelle unter der Obhut westeuropäischer Monopole untergräbt objektiv die Hegemonie der USA in diesem Kartellsystem, was zu einer weiteren Verschärfung des imperialistischen Kampfes um die Märkte führen wird. Unter den neuen Kampfbedingungen entstanden neue Formen und Abarten imperialistischer Abmachungen. Seit dem zweiten Weltkrieg begannen die Monopole allmählich von der ehemals verbreiteten Form der Aufteilung der Märkte abzugehen. Diese bestand in dem „klassischen "Kartell mit seiner juristisch fest fixierten Organisationsstruktur, den Detailabsprachen über die Einflußsphären, Produktionsquoten, Preise usw. Das System der Aufteilung der Märkte wurde raffinierter durch die Tarnung vorhandener Absprachen. Dadurch paßt es sich leichter an die schnellen Veränderungen auf den Märkten an.

Unter den Privatkartellen des neuen Typs herrschen Vereinbarungen vor über den Patentaustausch, über technische Hilfe, den gemeinschaftlichen Aufbau von Unternehmen, die Spezialisierung der Produktion, die Koordinierung der Preise und den Handel. Das mindert keineswegs die Macht der Monopole. Die Verflechtung der neuen, weniger umfangreichen Gesellschaften ist oft nicht nur gleichbedeutend mit der Entstehung von Weltkartellen alten Typs, sondern führt auch zu einem vielgestaltigen monopolistischen Herrschaftssystem.

Weit verbreitet sind gegenwärtig verschiedene Formen der staatsmonopolistischen Aufteilung der Märkte. Wenn vor dem zweiten Weltkrieg diese Art der Kartelle fast ausschließlich auf den landwirtschaftlichen Warenmärkten entstand, so umfassen sie gegenwärtig auch verschiedene Industriezweige. Wie die privaten, so stellen auch die staatsmonopolistischen Kartellabkommen eine der Grundlagen der imperialistischen „Integration" dar, die selbst ein eigenartiges Superkartell der Finanzoligarchie der sechs westeuropäischen Länder darstellt.

Das Anwachsen der staatsmonopolistischen Form der Aufteilung der Märkte zeugt von der tiefen Krise des internationalen Kartellsystems. Die Monopole sind bereits nicht mehr in der Lage, ihre Herrschaft mit den alten Methoden aufrechtzuerhalten und müssen immer öfter zur Staatsgewalt Zuflucht nehmen, um ihre schwankenden Positionen zu festigen. Bei der Anwendung staatsmonopolistischer Formen der Aufteilung der Märkte offenbart sich auch die gestiegene politische Labilität des Imperialismus sowie der Versuch, die Praxis der Kartellabkommen mit dem Vorwand „gesamtnationaler Interessen" zu bemänteln.

Militärisch-politische Meinungsverschiedenheiten

Auch die militärisch-politische Rivalität der imperialistischen Mächte spitzte sich zu. Doch weist sie im Vergleich zur Vergangenheit einige wesentliche Besonderheiten auf. Es änderten sich die ursprünglichen Bedingungen, die in der Vergangenheit den Kampf um die territoriale Neuaufteilung der Welt bestimmten. Das Wesen des Imperialismus veränderte sich genau so wenig wie das Streben des Monopolkapitals nach territorialer Expansion sowie nach völliger Veränderung der politischen Weltkarte mit Hilfe des Krieges. Aber das ungeheure Erstarken der Friedenskräfte unter Führung des mächtigen Lagers sozialistischer Staaten schuf erstmalig in der Geschichte der Menschheit die Möglichkeit, Weltkriege aus dem Leben der Gesellschaft von vornherein auszuschließen. Kriegerische Zusammenstöße — darunter auch zwischen den imperialistischen Staaten — sind nach wie vor möglich, solange der Monopolkapitalismus existiert. Aber die Fragen um Krieg und Frieden werden schon nicht ausschließlich durch die Regierungen und Generalstäbe der kapitalistischen Staaten entschieden. Eine Aggression zu entfesseln, ist heute hundertmal schwieriger als früher.

Ferner änderten sich grundlegend die Bedingungen des Kampfes um die territoriale Neuaufteilung der Welt infolge des zusammenbrechenden Kolonialsystems. In der Vergangenheit waren Kriege zwischen den imperialistischen Staaten vor allem Kriege zur Neuaufteilung der Kolonien. Die überwiegende Mehrzahl der ehemaligen Kolonien und Halbkolonien erkämpfte die politische Unabhängigkeit und ein kriegerischer Zusammenstoß der imperialistischen Konkurrenten kann nicht zu einer Neuaufteilung der schwachentwickelten Länder durch den einen oder den anderen „Besitzer" führen.

Die Unterstützung der ökonomisch schwachentwickelten Länder durch die sozialistischen Staaten führt zum Mißlingen der Versuche des Imperialismus, mit militärischer Gewalt das Kolonialregime und seine kolonialen Privilegien wiederherzustellen.

Schließlich: der Hauptwiderspruch unserer Zeit ist der Widerspruch zwischen Imperialismus und Sozialismus. Deshalb bemühen sich die Imperialisten, ihre Kräfte im Kampf gegen die sozialistischen Länder zu vereinigen.

Immerhin sind die agressiven Militärblocks der Rahmen für die militärisch-politische Konkurrenz zwischen den imperialistischen Ländern. Gegenstand dieser Konkurrenz ist vor allem der Kampf um die politische und militärische Hegemonie im imperialistischen Lager insgesamt und in seinen einzelnen Bereichen. Bekanntlich führten Kriege zwischen den imperialistischen Staaten zu einer vorübergehenden gewaltsamen Wiederherstellung des Gleichgewichts.

Wenn die Anwendung militärischer Mittel gegen seinen imperialistischen Widersacher schwierig ist, muß die Last der angehäuften Widersprüche, die nicht durch Krieg beseitigt werden kann, unentwegt stärker werden, wobei die „Einheit" des imperialistischen Lagers unterhöhlt, die Unversöhnlichkeit im Wirtschaftskrieg größer sowie eine chronische Krise in den politischen Beziehungen zwischen den imperialistischen Staaten hervorgerufen wird.

Durch den zweiten Weltkrieg wurden die Vereinigten Staaten zu einem in militärischer Hinsicht äußerst mächtigen imperialistischen Staat, mit dem sich kein anderes imperialistisches Land zu vergleichen vermag. Auf dieser Grundlage entstand auch die politische Hegemonie der USA, die in den Nachkriegsjahren vorbehaltlos anerkannt und durch ein militärisches Blocksystem, finanziellen Druck etc. bewahrt wird. Diese militärisch-politische Hegemonie des amerikanischen Imperialismus wird jedoch seit Ende der fünfziger Jahre in zunehmendem Maße durch andere Staaten angezweifelt. Die Zeit ist vorbei, da Westeuropa und Japan sich widerspruchslos dem Diktat der USA unterwarfen. Es erschienen imperialistische Kräfte, die eine führende Rolle in den Beziehungen zu anderen Staaten spielen. Dazu gehört vor allem Westdeutschland. Es bemüht sich, in Westeuropa eine eigene militärisch-politische Hegemonie zu errichten. Aber diese Rolle beansprucht auch Frankreich. Die Ansprüche des französischen Imperialismus komplizieren nicht nur seine Beziehungen zu den USA; sie sind unvereinbar mit analogen Ansprüchen Westdeutschlands und stellen einen unversöhnlichen Konflikt zu den Interessen des englischen Imperialismus dar. All das ist als ein Zentralproblem der imperialistischen Politik von der „Integration" nicht zu trennen. Die staatsmonopolistische Vereinigung der Finanzoligarchie der sechs westeuropäischen Länder (Westdeutschland, Frankreich, Italien, Belgien, Holland, Luxemburg) in der sogenannten Europäischen Wirtschaftsgemeinschaft („Gemeinsamer Markt") wurde zu einem realen Fakt.

Die monopolistische „Integration" trägt den Stempel der Entwicklung des Hauptwiderspruches unserer Epoche. In der gegenwärtigen Etappe wird der Sozialismus zum ausschlaggebenden Faktor der Entwicklung der Menschheit und die nationale Befreiungsbewegung führte zum Zerfall des Kolonialsystems. Unter diesen Bedingungen greift der gebrechliche Kapitalismus zur „Integration" wie nach einem Rettungsanker. W. I. Lenin sah voraus, daß die internationale Aufteilung der Welt nicht nur internationaler Monopole bedarf, sondern auch der Form von Übereinkommen ganzer Staaten.

> „In diesem Sinne sind auch Vereinigte Staaten von Europa möglich . . . wozu? Allein dazu, gemeinsam den Sozialismus in Europa zu unterdrücken, gemeinsam den kolonialen Raub zu beschützen . . ." *

Diese leninsche These ist der Schlüssel dafür, das Wesen der Pläne der westeuropäischen „Integration" zu verstehen. Die Konsolidierung der reaktionären imperialistischen Kräfte ist das Hauptproblem in der Strategie der führenden monopolkapitalistischen Gruppen insgesamt und besonders der USA. Sie erblicken in der „Integration" die „konstruktive Entgegnung" auf die Festigung der Macht des Weltsozialismus und ein Mittel, die ehemaligen Kolonien und Halbkolonien im Wirkungsbereich des Imperialismus zu halten. Die Initiatoren und Führer dieser Politik betrachten die „Integration" als eine neue „Heilige Allianz" der kapitalistischen Länder gegen die Arbeiterbewegung, gegen die allgemeindemokratische und nationale Befreiungsbewegung. Aber die Sache erschöpft sich nicht allein in der Klassenstrategie der Imperialisten. Die ökonomische imperialistische „Integration" ist eine neue staatsmonopolistische Form der Aufteilung und Neuaufteilung des kapitalistischen Weltmarktes. Die Konzentration der Produktion und des Kapitals wuchs über die nationalen Grenzen hinaus und erreichte eine außergewöhnlich hohe Stufe; der monopolistische Kapitalismus wuchs in den staatsmonopolistischen Kapitalismus als der typischen Form imperialistischer Herrschaft auf den Märkten hinüber — unter diesen Bedingungen vollzieht sich die zwischenstaatliche Vereinigung des Monopolkapitals.

* W. I. Lenin, vollständige gesammelte Werke, Band 26, Seite 354, russ.)

Der „Gemeinsame Markt“ beseitigte nicht, sondern vertiefte die alten Widersprüche und schuf neue Ursachen für wachsende Interessengegensätze im Konkurrenzkampf. Die Wirtschaftsstruktur der sechs Länder ist so gestaltet, daß sie unvermeidlich in höchstem Maße beim Absatz gleichartiger Industrieerzeugnisse wie solcher des allgemeinen Maschinenbaus, bei elektrotechnischen Ausrüstungen, im Automobilbau etc. konkurrieren.

Die stärkste Stellung nehmen in diesem Block die westdeutschen Monopole ein und streben die Hegemonie auf dem Weltmarkt an. Bereits gegenwärtig erzeugt Westdeutschland ebensoviel Industriewaren wie Frankreich und Italien zusammengenommen, wobei sich sein Übergewicht gegenüber Frankreich im Vergleich zu 1937 bedeutend erhöhte. Der Anteil Westdeutschlands an der Industrieproduktion aller Länder des „Gemeinsamen Marktes“ beträgt 45 Prozent, an der Stahlerzeugung 46 Prozent, der Zementproduktion 40 Prozent, der Elektroenergie 42 Prozent und der Automobilindustrie 51 Prozent. Unter 43 der größten Trusts des „integrierten“ Europa sind 22 westdeutsche, unter 10 führenden Monopolen sind 8 westdeutsche. Die Versuche Westdeutschlands, seine absolute Vorherrschaft im „Gemeinsamen Markt“ zu errichten, stoßen auf den Widerstand Frankreichs und anderer Länder. Diese Widersprüche werden durch die politische Rivalität vertieft. Auch die Widersprüche zwischen den Ländern des „Gemeinsamen Marktes“ und anderen imperialistischen Staaten, vor allem England, verschärfen sich. Die Tatsache, daß die langwierigen Verhandlungen über den Beitritt Englands zum „Gemeinsamen Markt“ 1963 mit einem Fiasko endeten, zeigt, daß die westeuropäische „Integration“ nicht nur den Kampf zwischen den imperialistischen Mächten vertiefte, sondern ihn auch auf eine breitere Ebene verlagerte. Davon zeugen die komplizierten Widersprüche, auf die die Versuche der USA stoßen, mit dem „Gemeinsamen Markt“ Beziehungen einer engen „Partnerschaft“ herzustellen. Die imperialistischen Regierungen können nicht begreifen, daß ihre ökonomische Uneinigkeit letztendlich zur politischen Spaltung und zum Verfall des aggressiven Nordatlantischen Blocks führen kann. Die Gesetzmäßigkeit der imperialistischen ökonomischen und politischen Konkurrenz wird im gegebenen Fall auf die Gemeinsamkeit ihrer Klasseninteressen übergreifen. Die europäische „Integration“ hat besonders im ökonomischen Bereich längst aufgehört, ein Hilfsinstrument der amerikanischen Politik zu sein.

In Westeuropa wird ein zweites imperialistisches „Kraftzentrum“ real sichtbar, das sich wenig von den Vereinigten Staaten unterscheidet in bezug auf seine menschlichen und materiellen Ressourcen und den Außenhandel. Dieses „Kraftzentrum“ tendiert dahin, eine selbständige Rolle bei der Erarbeitung einer „globalen“ NATO-Politik zu spielen und eine eigene strategische Kernstreitmacht zu besitzen. Unter diesen Bedingungen hat der Versuch des amerikanischen Imperialismus, unter der Losung der „Integration“ Westeuropa erneut politisch und ökonomisch zu kontrollieren immer geringere Erfolgschancen.

Natürlich ist eine zeitweilige Konsolidierung der imperialistischen Kräfte auch unter Bedingungen verschärfter Rivalität zwischen den imperialistischen Mächten möglich. Aber die Dialektik der gegenwärtigen Entwicklung besteht darin, daß die Versuche zur Festigung der „Heiligen Allianz“ der imperialistischen Reaktion unvermeidlich die entgegenwirkenden Kräfte vermehrt, die die Träger des gesellschaftlichen Fortschritts sind.

Konjunktur und Krise

Inhaltsverzeichnis des 7. Jahrgangs, 1963

Autorenregister

der Bibliographie der Zeitschrift „Konjunktur und Krise“

Jahrgang 1—7 (1957—1963)

KONJUNKTUR UND KRISE

Wissenschaftliches Bulletin des Instituts für Wirtschaftswissenschaften
bei der Deutschen Akademie der Wissenschaften zu Berlin

Statistische Beilage

17. Folge

(Beilage zu Heft 1/1964)

C. Beschäftigte und geleistete Arbeitsstunden

3. Vereinigtes Königreich Großbritannien und Nordirland

I. Anzahl der Beschäftigten

II. Durchschnittliche Anzahl der wöchentlichen Arbeitsstunden

Zeichenerklärung:

	Angaben liegen nicht vor
...	Angaben lagen bei Redaktionsschluß noch nicht vor
–	Null oder weniger als die Hälfte der verwendeten Einheit
———	Ein Trennungsstrich innerhalb der Zahlenreihen (horizontal in den Spalten, vertikal in den Zeilen) bezeichnet eine Unterbrechung der Kontinuität der Reihe. Vergleiche die jeweilige Anmerkung.
*	Vorläufige Zahlen
( )	Geschätzte Zahlen

INHALTSVERZEICHNIS

VORBEMERKUNGEN UND ERLÄUTERUNGEN

1. Allgemeine Vorbemerkung

Die Veröffentlichungen der englischen Statistik über die Anzahl und Verteilung der Arbeitskräfte einerseits und der Zahl der durchschnittlichen wöchentlichen Arbeitsstunden andererseits beruhen auf unterschiedlichen, von einander unabhängigen Erhebungen. Erstere fußen vorwiegend auf der Statistik der Sozialversicherung, letztere auf Angaben der Unternehmner.

Auch die Zeitpunkte beider Erhebungen sind verschieden. Stichtag für die jährliche Berichtigung der durch Fortschreibung auf Grund von Veränderungsmeldungen geführten monatlichen Arbeitskräftestatistik ist das Ende des Monats Mai. Die durchschnittliche Zahl der wöchentlichen Arbeitsstunden wird dagegen alljährlich zweimal (in April und im Oktober) berechnet.

Infolge der Verschiedenartigkeit beider Erhebungen und der weiter unten erläuterten Gepflogenheit, zeitweilig Arbeitslose, die nicht als vollarbeitslos registriert sind, nicht aus den Zahlen der Beschäftigten auszugliedern, besteht in der englischen Statistik kein strenger Zusammenhang zwischen den Angaben über Anzahl und Verteilung der Arbeitskräfte und der Zahl der durchschnittlichen wöchentlichen Arbeitsstunden. Hierdurch sind unseren Bemühungen, Daten für präzise ökonomische Analysen zusammenzustellen, gewisse Grenzen gesetzt.

2. Zu den Tabellen über Anzahl und Verteilung der Arbeitskräfte

Diese Tabellen geben einen vollständigen Überblick über die Anzahl und Verteilung aller Arbeitskräfte in sämtlichen Wirtschafts- und Tätigkeitsbereichen Großbritanniens. Erfaßt sind alle Personen, die gegen Entgelt arbeiten oder als arbeitsfähig registriert sind, sowie Unternehmer und Selbständige. Als ,,Gesamte arbeitende Bevölkerung" — richtiger hieße es ,,arbeitsfähige Bevölkerung" — gilt die Summe der in zivilen Bereichen Beschäftigten, der registrierten Vollerwerbslosen sowie der männlichen und weiblichen Angehörigen der Streitkräfte (einschließlich Women's Services).

Die Zahlen der in der verarbeitenden Industrie Beschäftigten beruhen überwiegend auf der jährlichen Zählung der Sozialversicherungskarten, die für jeden Beschäftigten ausgestellt und jährlich umgetauscht werden müssen. Als Anzahl der Beschäftigten gilt die Zahl der ausgestellten Versicherungskarten abzüglich der Zahl der registrierten Vollarbeitslosen. Stichtag der Zählung ist Ende Mai. Alljährlich wird für Juni ein genauer Überblick über Anzahl und Verteilung der Arbeitskräfte veröffentlicht. Für alle anderen Monate werden die Beschäftigtenzahlen anhand monatlicher Meldungen der Mehrzahl der Unternehmer (alle Betriebe mit 100 und mehr Beschäftigten sowie ein Viertel der Betriebe mit 11 bis 99 Beschäftigten) über Veränderungen im Beschäftigungstand geschätzt.

Die Gliederung der Industriegruppen und der übrigen Wirtschafts- und Tätigkeitsbereiche entspricht der ,,Standard Industrial Classification" und zwar für den Zeitraum von Juni 1948 bis April 1959 der Klassifikation von 1948, ab Mai 1959 der revidierten (nur unerheblich veränderten) Klassifikation von 1958.

Ältere Erhebungen über den Stand der Beschäftigung (vor Juni 1948) beruhen auf Unterlagen der Arbeitslosenversicherung, in denen so große Teile der erwerbstätigen Bevölkerung außer Betracht geblieben sind, daß eine Revision der älteren Reihen oder Vergleiche zwischen älteren und neueren Reihen nicht möglich sind. Die hier vorgelegten Tabellen beginnen deshalb mit den Zahlen für Juni 1948.

Mit Wirkung ab Juni 1950 wurde in vielen Bereichen im Rahmen der Klassifikation von 1948 eine Veränderung der Klassifizierung vorgenommen, die die Vergleichbarkeit der Reihen vor und nach diesem Zeitpunkt beeinträchtigt. Bei einigen Tabellen lassen auffällige Unterschiede zwischen den Zählergebnissen (Juni-Zahlen) und den fortgeschriebenen Zahlen für die übrigen Monate in den Jahren 1948 bis 1951 Ungenauigkeiten in den Anfangsjahren dieser statistischen Reihen erkennen.

Hinsichtlich der Kontinuität der Zahlenreihen gliedern sich die hier aufgeführten Tabellen aus den genannten Gründen zumeist in folgende Abschnitte:

a) Juni 1948 bis Mai 1950; b) Juni 1950 bis April 1959 und c) Mai 1959 bis Tabellenende. Durch Trennstriche wird an den entsprechenden Stellen auf die Kontinuitätsunterbrechungen hingewiesen, in einigen Fällen auch durch besondere Anmerkungen.

Die Beschäftigtenzahlen für 1962 und 1963 geben den Stand in der Monatsmitte wieder. Ältere Angaben beziehen sich auf das Monatsende. Die Anzahl der registrierten Arbeitslosen ist bis April 1962 auf das Monatsende, ab Mai 1962 auf die Monatsmitte bezogen.

Da die Sozialversicherungskarten als Zählgrundlage dienen, werden verkürzt Arbeitende, Beschäftigte im Rentenalter (Männer im Alter von 65 Jahren und darüber, Frauen im Alter von 60 Jahren und darüber) sowie zeitweilig nicht arbeitende Personen, die voraussichtlich in absehbarer Zeit auf ihren Arbeitsplatz zurückkehren werden (Urlauber; Kranke; vorübergehend Arbeitslose, die nicht als vollarbeitslos registriert sind), als volle statistische Einheiten und als Beschäftigte gezählt. Seit Mitte 1952 wird jedoch die Gesamtzahl der vorübergehend Arbeitslosen, die in den Beschäftigtenzahlen enthalten sind, ohne Angabe ihrer Verteilung auf die Industriezweige monatlich angegeben. In den Zahlen der registrierten Arbeitslosen sind arbeitsuchende Erwerbsbehinderte, die nur unter besonderen Bedingungen arbeiten können, nicht enthalten.

3. Zu den Tabellen über die durchschnittliche wöchentliche Arbeitszeit

Die Anzahl der durchschnittlichen wöchentlichen Arbeitsstunden wird jährlich zweimal (in einer April- und in einer Oktoberwoche) nach Unternehmermeldungen über ausgezahlte Lohnsummen (Überstunden eingeschlossen) und die Anzahl der Beschäftigten, gegliedert nach Geschlecht und Altersgruppen, berechnet. Durchschnittliche Wochenstundenzahlen für alle Beschäftigten eines Industriezweiges (ohne Gliederung nach Geschlecht und Alter) sind nur bis 1959 veröffentlicht worden.

Die Erhebung umfaßt etwa sieben Millionen Beschäftigte. Aus dem daraus gewonnenen Ergebnis wird die durchschnittliche wöchentliche Arbeitszeit für die in den Industriegruppen, Wirtschaftsbereichen usw. beschäftigten Männer, Frauen, männlichen und weiblichen Jugendlichen schätzungsweise berechnet. Dabei werden zwei verkürzt arbeitende Frauen als eine Vollbeschäftigte gezählt.

Quellen:

1. Für die Zahlen der Beschäftigten: Monthly Digest of Statistics, London; ab September 1963 rückläufig bis März 1949.

2. Für die Angaben über die durchschnittliche wöchentliche Arbeitszeit: Annual Abstract of Statistics 1958, 1959, 1960 und Ministry of Labour Gazette, London, Februar- und Augusthefte 1959 bis 1963.

Anzahl der Beschäftigten (in Tsd.)

Jahr	J	F	M	A	M	J	J	A	S	O	N	D
1. Landwirtschaft, Forstwirtschaft und Fischerei												
1948	.	.	.	.	.	1.178	.	.	1.281	.	.	1.271
49	1.266	1.266	1.267	1.270	1.271	1.176	1.273	1.275	1.276	1.275	1.271	1.156
1950	1.264	1.256	1.256	1.256	1.259	1.161	1.261	1.262	1.261	1.258	1.133	1.117
51	1.125	1.119	1.115	1.136	1.157	1.139	1.185	1.190	1.185	1.142	1.112	1.074
52	1.097	1.092	1.102	1.117	1.132	1.112	1.152	1.167	1.157	1.092	1.062	1.049
53	1.047	1.047	1.057	1.072	1.087	1.087	1.102	1.117	1.107	1.074	1.049	1.043
54	1.039	1.034	1.034	1.049	1.064	1.074	1.079	1.089	1.074	1.049	1.029	1.031
1955	1.017	1.017	1.022	1.032	1.047	1.066	1.062	1.067	1.057	1.042	1.022	1.006
56	1.007	1.012	1.017	1.022	1.037	1.032	1.052	1.057	1.052	1.025	1.005	993
57	994	999	1.004	1.018	1.023	1.025	1.032	1.043	1.038	1.005	971	968
58	960	952	956	967	992	1.009	1.017	1.032	1.031	1.038	998	966
59	957	957	950	964	994	999	1.008	1.015	1.031	1.019	986	956
1960	947	948	945	955	973	983	992	993	999	989	964	939
61	925	925	921	930	943	948	954	956	957	954	930	909
62	899	899	894	904	904	920	925	928	933	915	895	874
63	863	858	853	866	878	893	900	.	.	.	.	.
2. Bergbau insgesamt (einschließlich Steinbruchbetriebe)[1]												
1948	-	-	.	.	.	876	.	.	869	.	.	870
49	871	871	870	870	867	875	864	861	857	853	853	862
1950	851	849	847	846	844	852	841	838	834	831	840	843
51	849	854	856	856	855	856	853	850	848	848	850	854
52	859	863	865	869	871	875	874	875	874	875	875	877
53	877	877	876	878	877	877	874	872	869	867	866	866
54	869	870	870	872	871	867	867	867	866	864	864	864
1955	868	868	868	869	866	862	862	862	860	857	857	857
56	861	862	863	864	862	858	860	861	861	857	858	861
57	864	866	866	867	867	868	864	865	865	867	868	868
58	870	868	864	862	858	854	852	851	850	847	846	844
59	844	839	836	834	828	.	.	.	.	803	799	797
1959	.	.	.	.	831	826	821	817	811	805	801	798
1960	793	787	778	737	767	761	756	753	751	749	747	746
61	746	745	741	739	735	731	727	726	726	725	725	724
62	726	725	722	720	715	712	710	707	706	703	700	698
62	697	697	694	691	688	685	682	.	.	.	.	.

[1] Angaben für 1948 bis 1959 nach der Standard Industrial Classification von 1948, für 1959 bis 1963 nach neuer Klassifikation von 1958.

Jahr	J	F	M	A	M	J	J	A	S	O	N	D
3. Kohlenbergbau												
1959	.	.	.	.	761	756	751	747	741	735	731	728
1960	723	717	708	703	697	691	686	683	681	679	677	676
61	676	675	671	669	665	661	658	657	656	655	655	654
62	656	655	652	650	647	644	642	639	638	635	632	630
63	629	629	626	623	620	617	614	.	.	.	.	.
4. Energie (Gas, Elektrizität) und Wasserversorgung												
1948	.	.	.	.	.	321	.	.	299	.	.	301
49	304	305	305	306	305	334	307	311	312	315	317	346
1950	322	323	323	323	324	353	325	327	327	329	360	360
51	363	363	362	363	363	362	363	364	365	365	368	372
52	370	370	370	369	369	372	368	368	368	373	374	376
53	376	376	375	374	373	372	373	374	374	374	375	375
54	377	377	377	376	375	373	375	376	377	375	376	376
1955	378	379	379	379	379	378	378	379	379	378	379	378
56	378	379	379	379	378	376	376	376	377	377	378	379
57	380	380	378	378	378	379	377	377	378	380	381	380
58	381	381	381	380	379	375	378	378	379	376	376	377
59	377	377	376	375	374	374	374	374	374	374	374	375
1960	375	375	374	373	371	370	370	371	374	375	378	379
61	380	381	381	379	379	379	376	378	383	383	385	385
62	386	387	387	387	386	387	387	388	389	392	393	394
63	395	397	398	397	397	397	397	.	.	.	.	.

Folgende Anmerkung gehört zu: **6. Verarbeitende Industrie: Beschäftigte insgesamt**

Anmerkung aus Monthly Digast of Statistics, Heft 2/1958:
Diese Zahlen, die den Stand zum Monatsende bezeichnen, schließen Kurzarbeiter ein. Informationen hierüber liegen aus allen Betrieben der verarbeitenden Industrie (außer Schiffbau) mit mehr als 10 Beschäftigten vor. Die Zahl der Kurzbeitarer betrug nach den Angaben der Betriebsleitungen insgesamt am Ende der Woche:

		(Tsd.)			(Tsd.)			(Tsd.)			(Tsd.)
1948	26. Juni	37	1955	28. Mai	59	1957	5. Jan.	155	1957	27. Juli	41
49	25. Juni	20		27. Aug.	54		26. Jan.	146		31. Aug.	39
50	24. Juni	37		26. Nov.	34		23. Febr.	109		28. Sept.	35
51	30. Juni	35	1956	25. Febr.	66		30. März	82		26. Okt.	38
1952	24. Mai	304		2. Juni	99		4. Mai	72		30. Nov.	59
53	23. Mai	62		25. Aug.	112		1. Juni	63	1958	4. Januar	80
54	29. Mai	41		24. Nov.	73		29. Juni	59			

Anzahl der Beschäftigten (in Tsd.)

5. Verarbeitende Industrie: Beschäftigte, Unternehmer und Selbständige[1]

Jahr	J	F	M	A	M	J	J	A	S	O	N	D
1948	.	.	.	.	.	8.137	.	.	8.173	.	.	8.201
49	8.227	8.228	8.225	8.249	8.257	8.299	8.249	8.282	8.311	8.353	8.395	8.406
1950	8.411	8.416	8.402	8.421	8.424	8.510	8.402	8.443	8.500	8.543	8.649	8.702
51	8.659	8.670	8.676	8.692	8.687	8.736	8.683	8.725	8.746	8.832	8.834	8.806
52	8.784	8.751	8.694	8.668	8.623	8.626	8.535	8.569	8.599	8.685	8.705	8.698
53	8.699	8.694	8.686	8.715	8.724	8.746	8.732	8.799	8.852	8.928	8.955	8.913
54	8.955	8.959	8.954	8.970	8.999	8.976	9.028	9.092	9.138	9.162	9.201	9.159
1955	9.206	9.216	9.210	9.233	9.233	9.206	9.228	9.273	9.322	9.358	9.384	9.351
56	9.350	9.333	9.298	9.284	9.249	9.269	9.212	9.231	9.254	9.300	9.296	9.289
57	9.213	9.189	9.143	9.145	9.144	9.271	9.139	9.186	9.217	9.371	9.355	9.308
58	9.284	9.254	9.214	9.203	9.160	9.147	9.099	9.109	9.108	9.132	9.115	9.106
59	9.063	9.056	9.044	9.062	8.438	8.477	8.484	8.550	8.603	8.643	8.680	8.668
1960	8.703	8.724	8.734	8.768	8.794	8.811	8.825	8.889	8.926	8.944	8.948	8.897
61	8.911	8.906	8.901	8.924	8.924	8.928	8.920	8.963	9.004	9.001	9.008	8.938
62	8.952	8.934	8.995	8.897	8.873	8.852	8.848	8.861	8.878	8.868	8.849	8.818
63	8.769	8.743	8.718	8.705	8.706	8.693	8.709	.	.	.	.	.

[1] Beschäftigte (im Arbeitsvertragsverhältnis stehend) zuzüglich Unternehmer und Selbständige.

6. Verarbeitende Industrie: Beschäftigte insgesamt[1]

Jahr	J	F	M	A	M	J	J	A	S	O	N	D
1948	.	.	.	.	.	7.930	.	.	7.907	.	.	7.936
49	7.962	7.963	7.960	7.984	7.992	8.092	7.984	8.017	8.046	8.088	8.130	8.161
1950	8.146	8.151	8.137	8.156	8.159	8.303	8.137	8.178	8.235	8.278	8.405	8.457
51	8.414	8.425	8.430	8.447	8.442	8.529	8.438	8.480	8.501	8.587	8.589	8.602
52	8.538	8.506	8.449	8.423	8.378	8.426	8.290	8.324	8.354	8.485	8.505	8.498
53	8.499	8.494	8.486	8.515	8.524	8.546	8.532	8.599	8.652	8.728	8.755	8.713
54	8.755	8.759	8.754	8.770	8.799	8.776	8.828	8.892	8.938	8.962	9.001	8.959
1955	9.006	9.016	9.010	9.033	9.033	9.006	9.028	9.073	9.122	9.158	9.184	9.151
56	9.150	9.133	9.098	9.084	9.049	9.069	9.012	9.031	9.054	9.100	9.096	9.098
57	9.013	8.989	8.943	8.945	8.944	9.071	8.939	8.986	9.017	9.171	9.155	9.108
58	9.084	9.054	9.014	9.003	8.960	8.947	8.899	8.909	8.908	8.932	8.915	8.906
59	8.863	8.856	8.844	8.862	8.304	8.343	8.350	8.416	8.469	8.509	8.546	8.534
1960	8.569	8.590	8.600	8.634	8.660	8.677	8.691	8.755	8.792	8.810	8.814	8.763
61	8.777	8.772	8.767	8.790	8.790	8.794	8.786	8.829	8.870	8.867	8.874	8.804
62	8.818	8.800	8.761	8.763	8.739	8.718	8.714	8.727	8.744	8.734	8.715	8.684
63	8.635	8.609	8.584	8.571	8.572	8.559	8.575	.	.	.	.	.

[1] Männliche und weibliche Beschäftigte (im Arbeitsvertragsverhältnis stehend).

7. Verarbeitende Industrie: männliche Beschäftigte[1]

Jahr	J	F	M	A	M	J	J	A	S	O	N	D
1948	.	.	.	.	.	5.325	.	.	5.297	.	.	5.312
49	5.327	5.326	5.326	5.336	5.334	5.429	5.327	5.343	5.355	5.371	5.392	5.448
1950	5.412	5.414	5.409	5.420	5.422	5.541	5.416	5.439	5.466	5.483	5.575	5.626
51	5.598	5.596	5.594	5.597	5.590	5.638	5.583	5.611	5.624	5.683	5.694	5.725
52	5.701	5.688	5.665	5.658	5.636	5.656	5.596	5.616	5.629	5.690	5.699	5.712
53	5.704	5.696	5.688	5.699	5.700	5.716	5.700	5.736	5.758	5.802	5.818	5.816
54	5.838	5.840	5.834	5.844	5.855	5.848	5.870	5.910	5.927	5.940	5.967	5.966
1955	5.999	6.005	6.005	6.018	6.014	6.001	6.014	6.043	6.066	6.084	6.100	6.105
56	6.111	6.109	6.093	6.087	6.069	6.075	6.052	6.063	6.066	6.087	6.089	6.111
57	6.066	6.053	6.034	6.036	6.036	6.108	6.046	6.073	6.086	6.165	6.164	6.157
58	6.147	6.134	6.115	6.109	6.087	6.086	6.056	6.059	6.047	6.062	6.055	6.071
59	.	.	.	.	5.611	5.620	5.629	5.661	5.692	5.712	5.738	5.757
1960	5.780	5.796	5.807	5.828	5.843	5.851	5.867	5.899	5.915	5.923	5.931	5.925
61	5.933	5.930	5.930	5.944	5.946	5.946	5.948	5.971	5.989	5.982	5.992	5.971
62	5.977	5.965	5.945	5.943	5.929	5.918	5.916	5.922	5.924	5.910	5.900	5.891
63	5.872	5.852	5.837	5.825	5.824	5.817	5.826	.	.	.	.	.

[1] Im Arbeitsvertragsverhältnis stehend.

. Verarbeitende Industrie: weibliche Beschäftigte[1]

Jahr	J	F	M	A	M	J	J	A	S	O	N	D
1948	.	.	.	.	.	2.605	.	.	2.610	.	.	2.624
49	2.635	2.637	2.634	2.648	2.658	2.663	2.657	2.674	2.691	2.717	2.738	2.713
1950	2.734	2.737	2.728	2.736	2.737	2.762	2.721	2.739	2.769	2.795	2.830	2.831
51	2.816	2.829	2.836	2.850	2.852	2.891	2.855	2.869	2.877	2.904	2.895	2.877
52	2.838	2.818	2.784	2.765	2.742	2.770	2.694	2.708	2.725	2.795	2.806	2.786
53	2.795	2.798	2.798	2.816	2.824	2.830	2.832	2.863	2.894	2.926	2.937	2.897
54	2.917	2.919	2.920	2.926	2.944	2.929	2.958	2.982	3.011	3.022	3.034	2.993
1955	3.007	3.011	3.005	3.015	3.019	3.005	3.014	3.030	3.056	3.074	3.084	3.046
56	3.039	3.024	3.005	2.997	2.980	2.994	2.960	2.968	2.988	3.013	3.007	2.987
57	2.947	2.936	2.909	2.909	2.908	2.963	2.893	2.913	2.931	3.006	2.991	2.951
58	2.937	2.920	2.899	2.894	2.873	2.861	2.843	2.850	2.861	2.870	2.860	2.835
59	.	.	.	.	2.693	2.723	2.721	2.755	2.777	2.797	2.808	2.777
1960	2.789	2.794	2.793	2.806	2.817	2.826	2.824	2.856	2.877	2.887	2.883	2.838
61	2.844	2.842	2.837	2.846	2.844	2.848	2.838	2.858	2.881	2.885	2.882	2.833
62	2.841	2.835	2.816	2.820	2.810	2.800	2.798	2.805	2.820	2.824	2.815	2.793
63	2.763	2.757	2.747	2.746	2.748	2.742	2.749	.	.	.	.	.

[1] Im Arbeitsvertragsverhältnis stehend

Anzahl der Beschäftigten (in Tsd.)

Jahr	J	F	M	A	M	J	J	A	S	O	N	D
	Monate											
9. Metallerzeugende Industrie												
1948	.	.	.	.	.	530	.	.	496	.	.	497
49	499	499	498	497	497	532	493	493	494	495	498	527
1950	499	501	500	500	500	540	498	500	503	504	538	546
51	539	539	537	537	536	545	533	534	536	549	552	557
52	556	556	555	555	554	558	553	555	556	560	560	563
53	556	551	548	546	542	548	539	541	543	553	555	554
54	556	556	555	553	553	551	553	556	559	560	563	564
1955	568	569	569	570	570	570	568	570	573	577	581	581
56	584	585	583	581	579	579	577	578	580	582	583	582
57	584	584	581	581	581	578	579	581	584	583	583	581
58	578	576	572	568	562	560	553	551	549	552	549	552
59	547	546	545	546	573	575	577	582	586	590	594	598
1960	603	607	609	613	617	618	620	625	628	630	631	631
61	633	633	633	634	632	630	630	630	628	626	624	620
62	617	613	608	605	598	595	593	593	595	593	591	589
63	588	586	585	583	583	582	582	.	.	.	.	.

10. Maschinenbau, Schiffbau und Elektrotechnische Industrie insgesamt [1]

Jahr	J	F	M	A	M	J	J	A	S	O	N	D
1948	.	.	.	.	.	1.776	.	.	1.824	.	.	1.825
49	1.830	1.827	1.824	1.820	1.813	1.761	1.800	1.802	1.804	1.806	1.812	1.807
1950	1.815	1.814	1.811	1.813	1.814	1.783	1.808	1.820	1.834	1.846	1.869	1.825
51	1.882	1.887	1.887	1.890	1.888	1.837	1.887	1.901	1.913	1.876	1.890	1.903
52	1.908	1.910	1.909	1.913	1.909	1.907	1.889	1.895	1.897	1.906	1.904	1.913
53	1.903	1.896	1.890	1.888	1.884	1.899	1.875	1.888	1.897	1.926	1.932	1.935
54	1.940	1.941	1.940	1.945	1.951	1.957	1.956	1.975	1.989	2.005	2.019	2.018
1955	2.036	2.043	2.048	2.059	2.065	2.063	2.064	2.080	2.097	2.105	2.111	2.113
56	2.111	2.110	2.100	2.096	2.090	2.100	2.081	2.089	2.099	2.116	2.118	2.124
57	2.112	2.107	2.098	2.098	2.096	2.118	2.095	2.110	2.121	2.149	2.150	2.153
58	2.141	2.133	2.121	2.117	2.106	2.117	2.088	2.091	2.090	2.108	2.105	2.109
59	2.098	2.099	2.090	2.091	2.099	.	.	.	.	2.151	2.162	2.166
1959	.	.	.	.	2.173	2.175	2.175	2.194	2.215	2.228	2.240	2.246
1960	2.257	2.263	2.268	2.276	2.283	2.283	2.283	2.320	2.320	2.329	2.336	2.334
61	2.345	2.349	2.350	2.358	2.363	2.361	2.346	2.362	2.397	2.401	2.405	2.392
62	2.398	2.396	2.385	2.385	2.395	2.391	2.383	2.385	2.390	2.384	2.381	2.374
63	2.363	2.353	2.341	2.329	2.326	2.319	2.318	.	.	.	.	.

[1] Angaben für 1948 bis 1959 nach der Standard Industrial Classification von 1948, für 1959 bis 1963 nach neuer Klassifikation von 1958.

11. Maschinenbau und Elektrotechnische Industrie

Jahr	J	F	M	A	M	J	J	A	S	O	N	D
1959	.	.	.	.	1.907	1.912	1.913	1.931	1.951	1.966	1.978	1.983
1960	1.995	2.002	2.008	2.020	2.029	2.032	2.033	2.052	2.073	2.084	2.090	2.086
61	2.096	2.102	2.107	2.115	2.120	2.121	2.105	2.121	2.155	2.162	2.165	2.154
62	2.159	2.157	2.148	2.149	2.158	2.156	2.149	2.151	2.159	2.159	2.155	2.150
63	2.140	2.135	2.127	2.121	2.117	2.111	2.109	.	.	.	.	.
12. Schiffbau												
1959	.	.	.	.	266	263	262	263	264	262	262	263
1960	262	261	260	256	254	251	250	250	247	245	246	248
61	249	247	243	243	243	240	241	241	242	239	240	238
62	239	239	237	236	237	235	234	234	231	225	226	224
63	223	218	214	208	209	208	209	.	.	.	.	.

13. Fahrzeugbau [1]

Jahr	J	F	M	A	M	J	J	A	S	O	N	D
1948	.	.	.	.	.	934	.	.	888	.	.	891
49	896	895	893	896	897	951	895	897	900	902	905	921
1950	910	911	908	909	910	981	910	915	922	925	953	995
51	961	963	964	965	964	1.013	964	971	977	1.025	1.028	1.050
52	1.037	1.037	1.036	1.041	1.043	1.068	1.042	1.048	1.051	1.078	1.078	1.080
53	1.079	1.079	1.079	1.081	1.086	1.090	1.087	1.097	1.105	1.115	1.118	1.123
54	1.128	1.131	1.132	1.136	1.139	1.142	1.139	1.148	1.155	1.166	1.173	1.174
1955	1.185	1.189	1.190	1.196	1.200	1.197	1.200	1.208	1.216	1.218	1.220	1.224
56	1.224	1.224	1.220	1.217	1.212	1.209	1.192	1.191	1.187	1.192	1.189	1.188
57	1.163	1.158	1.156	1.160	1.165	1.191	1.168	1.177	1.184	1.212	1.214	1.211
58	1.218	1.217	1.216	1.215	1.212	1.201	1.201	1.201	1.198	1.190	1.190	1.192
59	1.192	1.195	1.199	1.204	860	862	861	863	870	874	880	886
1960	893	900	904	908	912	912	911	916	915	910	903	896
61	892	888	887	890	891	891	900	902	894	885	891	887
62	890	890	889	889	879	876	873	872	873	869	867	865
63	864	865	865	864	864	863	861	.	.	.	.	.

[1] Kraftwagen, Krafträder, Fahrräder; Bau und Reparatur von Luftfahrzeugen; Lokomotiven, Eisen- und Straßenbahnwagen.

Anzahl der Beschäftigten (in Tsd.)

Jahr	Monate											
	J	F	M	A	M	J	J	A	S	O	N	D

14. Übrige metallverarbeitende Industrien

Jahr	J	F	M	A	M	J	J	A	S	O	N	D
1948	.	.	.	.	.	501	.	.	486	.	.	488
49	488	486	485	485	484	488	480	480	481	486	490	495
1950	490	491	490	490	489	490	485	487	492	497	505	506
51	504	504	503	503	502	506	500	502	503	511	512	509
52	511	510	509	507	504	497	493	493	493	492	491	491
53	486	484	481	481	479	481	476	479	483	491	494	487
54	492	493	494	494	497	491	500	504	510	508	511	509
1955	514	516	516	517	518	513	515	517	523	523	527	523
56	526	525	523	520	517	515	514	515	515	513	514	518
57	508	505	501	498	497	510	494	498	500	517	517	515
58	516	514	512	511	508	504	502	502	505	505	506	506
59	504	504	505	505	505	508	508	513	520	524	529	530
1960	534	537	540	542	544	545	544	549	555	558	558	555
61	556	556	556	558	558	558	552	554	559	560	560	556
62	555	553	550	551	551	549	548	549	551	551	549	549
63	547	546	545	546	546	545	545	.	.	.	.	.

15. Chemische Industrie und verwandte Zweige

Jahr	J	F	M	A	M	J	J	A	S	O	N	D
1948	.	.	.	.	.	439	.	.	425	.	.	428
49	430	431	432	432	432	452	435	438	441	444	445	468
1950	445	445	444	444	444	470	446	449	453	455	481	476
51	481	484	486	487	488	483	490	492	494	489	490	493
52	489	489	488	485	480	485	477	477	478	486	485	483
53	483	484	484	485	486	487	489	492	496	497	499	495
54	500	502	503	504	506	500	509	512	514	508	509	510
1955	509	510	511	512	513	517	514	518	521	526	527	524
56	525	526	526	526	525	527	527	527	528	529	528	530
57	529	529	527	528	527	532	526	527	528	536	535	536
58	531	530	531	530	528	535	528	528	528	535	535	536
59	534	535	534	534	515	518	518	520	523	524	526	524
1960	525	526	527	527	528	529	533	535	534	533	533	530
91	530	530	529	530	529	530	542	544	534	534	534	531
62	531	530	528	526	518	516	516	517	516	515	513	511
63	507	507	507	506	506	506	507	.	.	.	.	.

16. Ziegel-, Keramik-, Glas- und Zementindustrie usw.[1]

Jahr	J	F	M	A	M	J	J	A	S	O	N	D
1948	.	.	.	.	.	312	.	.	309	.	.	308
49	309	309	310	311	312	316	311	312	313	314	316	317
1950	316	316	316	318	319	326	318	319	319	320	325	332
51	324	325	326	327	327	335	329	331	333	344	345	343
52	345	344	342	341	338	333	332	332	331	330	330	331
53	329	328	327	329	329	333	330	332	333	339	340,	337
54	340	340	339	340	341	338	342	344	345	342	342	342
1955	341	341	340	341	341	343	341	343	344	347	348	347
56	346	344	343	342	340	342	339	339	338	340	339	337
57	335	334	333	333	332	333	331	332	332	334	333	330
58	328	326	323	322	321	322	319	319	318	321	321	322
59	319	318	319	320	323	324	325	328	329	330	331	330
1960	332	333	333	335	335	335	337	339	340	341	342	340
61	340	341	342	343	343	343	341	342	346	346	347	345
62	344	344	344	345	348	348	348	348	349	348	347	346
63	342	340	340	341	342	342	344	.	.	.	.	.

[1] Verarbeitung nichtmetallischer Bergbauprodukte außer Kohle.

17. Holz- und Möbelindustrie und verwandte Zweige

Jahr	J	F	M	A	M	J	J	A	S	O	N	D
1948	.	.	.	.	.	283	.	.	277	.	.	277
49	277	277	277	280	280	294	280	284	286	289	291	283
1950	293	293	291	290	288	294	281	283	286	289	283	298
51	283	283	285	287	286	302	283	284	284	297	294	294
52	287	286	285	284	281	283	273	275	278	288	289	289
53	287	286	286	288	289	290	288	292	295	301	302	299
54	299	298	296	297	296	295	296	301	304	306	308	308
1955	308	308	305	303	299	299	297	300	302	306	306	304
56	303	300	295	292	290	289	288	290	292	293	294	293
57	288	287	284	283	282	288	281	282	284	292	290	289
58	285	283	280	280	278	281	276	278	280	285	286	288
59	285	283	283	282	280	280	281	286	286	289	289	289
1960	288	287	287	289	289	289	289	292	293	293	292	289
61	288	286	286	287	287	287	283	286	291	291	292	289
62	288	287	285	284	286	285	284	286	288	288	287	286
63	284	281	277	278	279	278	279	.	.		.	.

Anzahl der Beschäftigten (in Tsd.)

Jahr	J	F	M	A	M	J	J	A	S	O	N	D
18. Papier-, Druck- und Vervielfältigungsindustrie												
1948	.	.	.	.	.	463	.	.	470	.	.	469
49	472	474	475	479	480	485	481	486	489	493	495	498
1950	497	498	499	503	504	510	506	510	512	512	518	517
51	517	516	516	517	517	520	518	523	526	530	530	530
52	527	525	519	516	512	509	503	503	503	506	505	501
53	504	503	503	506	506	507	509	516	520	523	524	523
54	525	525	526	527	530	531	532	538	541	543	544	542
1955	545	546	546	548	549	552	550	555	558	563	564	562
56	563	558	557	562	561	564	562	566	568	570	569	571
57	568	567	566	568	568	574	567	572	574	583	583	579
58	582	580	579	581	581	576	581	585	586	582	581	580
59	580	579	578	580	569	568	567	576	581	585	587	587
1960	591	592	593	596	597	599	599	605	609	608	609	608
61	611	611	612	613	612	612	608	613	621	622	623	619
62	621	621	618	620	621	621	621	625	627	627	626	625
63	622	621	620	620	619	618	621	.	.	.	.	.
19. Textilindustrie												
1948	.	.	.	.	.	922	.	.	951	.	.	962
49	970	973	973	978	979	960	975	980	985	994	1.003	997
1950	1.014	1.017	1.015	1.018	1.019	1.004	1.014	1.017	1.022	1.025	1.026	1.024
51	1.032	1.032	1.031	1.031	1.029	1.025	1.022	1.024	1.024	1.014	1.007	995
52	981	967	940	917	895	892	870	875	886	919	935	938
53	953	960	963	969	970	963	969	979	987	987	993	989
54	997	997	995	995	994	985	986	990	990	987	990	982
1955	988	984	977	971	961	946	947	945	945	941	945	944
56	949	947	941	936	928	926	918	918	920	925	928	932
57	931	931	926	925	922	925	910	910	908	917	914	910
58	905	898	888	880	868	862	847	844	840	847	848	846
59	847	843	839	840	840	842	844	849	847	850	852	848
1960	849	847	842	842	840	836	834	838	840	843	847	844
61	846	845	841	839	835	833	827	829	831	829	828	821
62	823	819	811	809	801	797	795	795	795	794	795	795
63	795	793	791	788	787	783	783	.	.	.	.	.
20. Leder-, Lederwaren- und Pelzindustrie												
1948	.	.	.	.	.	78	.	.	78	.	.	78
49	78	78	78	78	78	75	78	78	79	80	81	76
1950	81	81	82	82	82	76	81	81	82	83	78	78
51	77	78	78	78	78	78	76	76	76	76	75	73
52	72	71	70	69	68	68	67	68	70	72	73	72
53	73	73	74	74	74	72	74	75	75	74	74	72
54	73	73	73	73	73	72	73	73	73	73	73	72
1955	72	72	73	73	73	72	72	72	72	72	72	71
56	71	71	70	69	69	68	68	68	68	68	68	68
57	67	67	67	67	67	67	66	66	66	66	65	66
58	64	63	62	62	61	63	61	61	61	64	64	63
59	63	63	63	64	62	63	63	64	64	64	64	63
1960	63	63	63	63	63	62	63	63	62	63	63	63
61	63	63	62	63	63	63	63	63	63	63	63	62
62	64	63	63	63	62	62	62	62	62	62	62	62
63	62	62	62	62	62	62	61	.	.	.	.	.
21. Bekleidungs- und Schuhwarenindustrie												
1948	.	.	.	.	.	597	.	.	632	.	.	639
49	648	650	652	661	664	635	662	669	672	676	679	639
1950	686	688	687	692	688	649	671	674	678	681	645	655
51	648	649	650	652	651	661	642	645	641	635	625	627
52	611	608	604	604	602	612	591	598	604	627	633	629
53	644	646	648	657	657	643	651	659	663	654	654	649
54	657	656	653	654	652	640	643	648	648	641	641	636
1955	642	640	638	641	634	627	624	626	627	628	629	631
56	633	632	630	632	625	631	618	622	624	633	632	634
57	633	632	630	632	628	630	618	621	620	625	621	615
58	621	618	615	617	609	594	594	597	598	590	588	589
59	588	588	588	591	546	545	542	549	552	552	554	554
1960	561	561	562	566	565	562	559	565	566	568	569	567
61	573	572	572	573	569	565	565	570	567	567	567	564
62	572	573	569	570	566	561	558	557	562	562	561	558
63	560	556	553	554	552	545	541	.	.	.	.	.

Anzahl der Beschäftigten (in Tsd.)

22. Nahrungsmittel-, Getränke- und Tabakindustrie

Jahr	J	F	M	A	M	J	J	A	S	O	N	D
1948	.	.	.	.	.	726	.	.	704	.	.	705
49	701	699	699	707	716	772	733	735	734	735	738	749
1950	726	721	719	722	727	795	745	747	750	755	784	808
51	770	767	768	773	775	816	796	797	793	833	834	826
52	818	809	803	806	812	838	830	832	830	838	837	824
53	820	820	820	827	838	845	860	859	859	861	860	846
54	837	834	834	836	849	863	880	879	880	895	898	875
1955	870	869	868	872	881	877	910	910	910	913	914	888
56	878	875	878	882	887	888	906	905	911	909	903	890
57	871	864	852	851	858	892	882	883	887	913	907	885
58	878	880	881	887	894	901	922	923	923	918	908	891
59	878	874	872	875	780	803	807	807	807	807	804	785
1960	777	777	774	778	787	806	818	821	822	824	821	803
61	797	795	794	797	803	817	829	831	832	835	833	815
62	811	807	808	812	809	813	829	833	829	831	826	816
63	796	794	794	795	800	811	829	.	.	.	.	.

23. Sonstige Zweige der verarbeitenden Industrie[1]

Jahr	J	F	M	A	M	J	J	A	S	O	N	D
1948	.	.	.	.	.	242	.	.	242	.	.	242
49	240	239	236	233	233	239	232	234	238	243	245	249
1950	242	243	243	243	242	249	241	243	248	251	260	261
51	257	259	260	261	262	271	261	262	264	274	273	267
52	264	262	258	255	250	246	243	245	249	252	254	252
53	251	253	253	253	253	255	255	259	263	270	272	267
54	272	274	275	276	277	273	279	283	288	287	288	284
1955	286	287	287	287	286	285	284	286	290	291	292	291
56	288	287	284	281	279	284	276	277	278	284	284	284
57	277	277	276	275	276	286	277	281	283	295	293	288
58	288	288	287	286	286	283	282	283	285	286	285	282
59	280	282	283	283	278	280	282	285	289	292	296	294
1960	296	297	298	299	300	301	301	305	308	310	310	303
61	303	303	305	305	305	304	301	303	307	308	307	303
62	304	304	303	304	305	304	304	305	307	310	310	308
63	305	305	304	305	306	305	304	.	.	.	.	.

[1] Hierunter auch Gummi- und Kunststoffindustrie.

24. Bauindustrie

Jahr	J	F	M	A	M	J	J	A	S	O	N	D
1948	.	.	.	.	.	1.450	.	.	1.509	.	.	1.480
49	1.465	1.462	1.465	1.479	1.482	1.438	1.497	1.490	1.497	1.498	1.488	1.424
1950	1.471	1.462	1.482	1.488	1.487	1.434	1.491	1.496	1.495	1.496	1.443	1.425
51	1.400	1.411	1.425	1.430	1.434	1.449	1.446	1.455	1.452	1.465	1.458	1.407
52	1.409	1.409	1.423	1.427	1.447	1.435	1.442	1.446	1.446	1.427	1.422	1.386
53	1.398	1.412	1.426	1.436	1.447	1.437	1.440	1.452	1.451	1.434	1.430	1.419
54	1.395	1.396	1.404	1.416	1.425	1.453	1.425	1.425	1.425	1.457	1.449	1.438
1955	1.421	1.421	1.423	1.448	1.457	1.486	1.468	1.480	1.478	1.498	1.489	1.472
56	1.458	1.438	1.470	1.488	1.510	1.541	1.518	1.511	1.516	1.544	1.533	1.496
57	1.502	1.494	1.502	1.508	1.510	1.519	1.507	1.511	1.506	1.509	1.505	1.472
58	1.456	1.463	1.472	1.472	1.495	1.492	1.499	1.504	1.501	1.495	1.499	1.470
59	1.448	1.449	1.476	1.484	1.520	1.523	1.517	1.531	1.538	1.540	1.529	1.505
1960	1.506	1.512	1.530	1.532	1/562	1.567	1.559	1.577	1.588	1.585	1.577	1.562
61	1.560	1.584	1.604	1.606	1.617	1.617	1.589	1.600	1.623	1.631	1.624	1.594
62	1.585	1.609	1.614	1.610	1.649	1.653	1.656	1.654	1.652	1.659	1.649	1.625
63	1.484	1.419	1.536	1.600	1.647	1.657	1.647	.	.	.	.	.

25. Transport und Nachrichtenwesen

Jahr	J	F	M	A	M	J	J	A	S	O	N	D
1948	.	.	.	.	.	1.787	.	.	1.818	.	.	1.803
49	1.801	1.796	1.793	1.793	1.801	1.781	1.809	1.815	1.815	1.811	1.808	1.796
1950	1.802	1.801	1.801	1.804	1.807	1.781	1.811	1.812	1.807	1.798	1.782	1.742
51	1.775	1.774	1.772	1.773	1.778	1.754	1.786	1.790	1.793	1.755	1.752	1.754
52	1.751	1.753	1.755	1.756	1.759	1.759	1.764	1.762	1.756	1.744	1.737	1.731
53	1.726	1.722	1.719	1.720	1.723	1.731	1.728	1.728	1.723	1.718	1.712	1.711
54	1.702	1.702	1.701	1.701	1.704	1.715	1.707	1.706	1.700	1.700	1.697	1.691
1955	1.691	1.696	1.700	1.704	1.711	1.713	1.719	1.719	1.713	1.707	1.703	1.703
56	1.698	1.700	1.706	1.711	1.719	1.730	1.728	1.728	1.724	1.725	1.720	1.711
57	1.710	1.714	1.715	1.716	1.721	1.723	1.728	1.728	1.725	1.718	1.715	1.705
58	1.709	1.707	1.707	1.708	1.711	1.705	1.714	1.710	1.703	1.685	1.681	1.677
59	1.670	1.669	1.666	1.666	1.668	1.672	1.673	1.670	1.668	1.661	1.655	1.650
1960	1.648	1.649	1.649	1.651	1.657	1.662	1.670	1.671	1.668	1.668	1.669	1.666
61	1.667	1.670	1.672	1.675	1.680	1.683	1.693	1.696	1.690	1.687	1.682	1.675
62	1.676	1.677	1.677	1.676	1.686	1.688	1.693	1.693	1.691	1.682	1.675	1.671
63	1.662	1.661	1.659	1.658	1.657	1.658	1.661	.	.	.	.	.

Anzahl der Beschäftigten (in Tsd.)

26. Handel[1]

Jahr	J	F	M	A	M	J	J	A	S	O	N	D
1948	.	.	.	.	.	2.484	.	.	2.720	.	.	2.739
49	2.735	2.734	2.736	2.755	2.764	2.553	2.771	2.789	2.788	2.797	2.829	2.601
1950	2.805	2.803	2.802	2.821	2.825	2.571	2.839	2.849	2.852	2.864	2.672	2.640
51	2.644	2.637	2.637	2.642	2.641	2.600	2.650	2.661	2.654	2.643	2.668	2.622
52	2.634	2.623	2.616	2.621	2.624	2.616	2.635	2.646	2.642	2.636	2.670	2.658
53	2.627	2.622	2.618	2.631	2.638	2.664	2.649	2.666	2.660	2.698	2.738	2.725
54	2.687	2.679	2.676	2.686	2.697	2.743	2.712	2.729	2.725	2.786	2.833	2.811
1955	2.781	2.772	2.767	2.782	2.787	2.811	2.802	2.819	2.816	2.857	2.908	2.884
56	2.846	2.837	2.832	2.839	2.834	2.870	2.856	2.867	2.860	2.905	2.944	2.933
57	2.887	2.877	2.866	2.877	2.879	2.945	2.894	2.906	2.907	2.980	3.020	2.959
58	2.966	2.956	2.955	2.965	2.965	2.939	2.982	2.993	2.989	2.962	2.999	2.995
59	2.947	2.938	2.934	2.936	3.191	3.209	3.215	3.224	3.224	3.252	3.299	3.266
1960	3.246	3.242	3.242	3.254	3.268	3.284	3.307	3.313	3.302	3.327	3.382	3.337
61	3.300	3.288	3.284	3.294	3.295	3.312	3.330	3.341	3.329	3.348	3.397	3.351
62	3.314	3.299	3.288	3.292	3.351	3.367	3.389	3.400	3.382	3.388	3.426	3.467
63	3.371	3.356	3.343	3.344	3.345	3.350	3.368	.	.	.	.	.

[1] Großhandel und Einzelhandel

27. Dienstleistende Berufe[1]

Jahr	J	F	M	A	M	J	J	A	S	O	N	D
1948	.	.	.	.	.	3.954	.	.	3.920	.	.	3.876
49	3.872	3.870	3.877	3.898	3.913	3.893	3.926	3.924	3.915	3.894	3.886	3.861
1950	3.887	3.884	3.889	3.908	3.918	3.969	3.949	3.953	3.937	3.921	3.926	3.926
51	3.912	3.913	3.914	3.919	3.941	3.968	3.960	3.962	3.946	3.946	3.931	3.922
52	3.927	3.926	3.931	3.939	3.960	3.988	3.994	3.999	3.971	3.962	3.950	3.946
53	3.941	3.941	3.946	3.960	3.976	4.004	3.997	3.994	3.971	3.974	3.961	3.991
54	3.952	3.946	3.948	3.963	3.983	4.077	4.015	4.023	4.002	4.063	4.053	4.053
1955	4.043	4.046	4.048	4.058	4.079	4.122	4.104	4.112	4.090	4.117	4.108	4.112
56	4.106	4.106	4.103	4.116	4.139	4.173	4.162	4.178	4.149	4.160	4.148	4.142
57	4.136	4.136	4.143	4.168	4.180	4.217	4.209	4.206	4.185	4.202	4.181	4.174
58	4.175	4.179	4.190	4.204	4.228	4.258	4.264	4.273	4.245	4.244	4.232	4.258
59	4.222	4.220	4.228	4.243	4.853	4.874	4.893	4.908	4.886	4.882	4.877	4.861
1960	4.879	4.885	4.881	4.904	4.925	4.947	4.975	4.994	4.986	4.987	4.983	4.970
61	4.979	4.987	5.001	5.016	5.036	5.060	5.065	5.078	5.076	5.075	5.072	5.074
62	5.083	5.088	5.095	5.116	5.198	5.227	5.245	5.248	5.226	5.210	5.199	5.196
63	5.196	5.187	5.193	5.220	5.243	5.273	5.288	.	.	.	.	.

[1] Bank-, Versicherungs-, Gesundheits-, Erziehungs- und Bildungswesen, religiöse Einrichtungen, Theater, Kino, Musik Sport, Erholung, Hotels, Wäschereien, Reinigungsanstalten usw. 1950 bis 1962 auch Hausangestellte.

28. Staatliche Verwaltung[1]

Jahr	J	F	M	A	M	J	J	A	S	O	N	D
1948	.	.	.	.	.	682	.	.	688	.	.	694
49	694	694	692	698	692	672	685	683	677	677	677	655
1950	668	669	660	659	658	619	652	650	649	648	627	613
51	632	632	632	634	634	606	636	637	640	623	626	617
52	627	624	621	621	619	606	615	614	611	601	600	601
53	600	599	598	598	597	595	594	593	593	594	594	597
54	593	593	591	590	589	594	585	581	581	586	586	574
1955	583	583	582	582	582	563	580	580	578	560	560	562
56	560	560	560	560	560	561	559	558	557	559	559	557
57	557	557	553	553	549	543	544	543	540	538	537	536
58	535	533	530	530	530	529	528	528	528	527	525	523
59	522	521	520	520	505	505	505	507	506	505	504	503
1960	504	504	504	505	503	502	503	505	505	504	502	501
61	503	505	505	508	510	511	511	511	513	515	515	517
62	516	514	514	514	520	520	522	522	522	524	525	528
63	528	528	531	534	535	535	535	.	.	.	.	.

[1] Siehe Anmerkung zu Tabelle 29.

29. Örtliche Verwaltungen[1]

Jahr	J	F	M	A	M	J	J	A	S	O	N	D
1948	.	.	.	.	.	700	.	.	778	.	.	776
49	774	774	776	778	780	720	782	782	782	782	783	759
1950	784	781	782	784	785	743	788	786	786	785	765	737
51	763	764	764	766	768	744	770	770	770	744	745	736
52	745	745	746	747	748	730	750	750	751	731	729	728
53	726	725	726	726	725	725	725	725	725	722	720	723
54	719	719	719	719	723	732	725	725	726	731	730	724
1955	728	728	728	730	732	726	735	735	737	727	726	728
56	724	724	725	725	729	739	732	732	734	739	737	741
57	736	736	738	742	744	755	746	746	746	755	754	758
58	751	752	753	755	759	772	761	761	763	773	772	774
59	770	771	774	776	736	738	739	740	739	737	736	734
1960	734	734	733	736	739	741	741	741	744	742	742	742
61	742	743	747	750	752	756	751	751	759	757	756	756
62	757	757	758	761	768	772	772	772	773	776	776	773
63	772	772	772	774	776	776	776	.	.	.	.	.

[1] Ohne Beschäftigte in Betrieben des Staates, der Gemeinden usw. (Industrie, Verkehr, Post, Gas-, Elektrizitäts- und Wasserversorgung). Diese werden bei den einzelnen Industriezweigen usw. mitgezählt.

Anzahl der Beschäftigten (in Tsd.)

30. Registrierte Vollarbeitslose[1]

Jahr	J	F	M	A	M	J	J	A	S	O	N	D
1948	.	.	.	.	.	273	.	.	308	.	.	*348*
49	*366*	*350*	*332*	*332*	*310*	243	*253*	*265*	*281*	*315*	*329*	*360*
1950	*372*	*360*	*334*	*322*	*290*	264	*278*	*284*	*292*	*303*	*302*	319
51	*310*	*288*	*264*	*231*	*203*	179	*195*	*205*	*235*	*276*	*297*	295
52	*385*	*405*	327	*468*	305	295	310	326	333	360	367	396
53	389	380	350	328	287	265	267	282	288	304	311	330
54	356	340	308	289	242	218	218	229	240	248	249	266
1955	282	271	239	205	180	170	174	182	192	210	210	235
56	248	255	220	218	196	191	194	219	230	247	266	331
57	360	342	328	309	266	235	246	259	265	285	315	361
58	386	394	394	394	400	370	383	410	432	467	483	520
59	554	517	492	460	410	379	394	404	402	414	413	436
1960	439	417	399	355	314	290	299	305	308	322	326	343
61	350	332	322	300	271	251	279	293	306	336	352	392
62	416	412	408	403	385	372	380	445	439	467	505	524
63	629	660	636	571	518	461	436	.	.	.	.	.

[1] In den Jahren 1949 bis 1952 (Kursivzahlen): Registrierte Vollarbeitslose zuzüglich zeitweilig Arbeitslose.

31. Zeitweilig Arbeitslose[1]

Jahr	J	F	M	A	M	J	J	A	S	O	N	D
1948	.	.	.	.	.	9	.	.	.	.	.	.
49	.	.	.	.	.	7	.	.	.	.	.	.
1950	.	.	.	.	.	10	.	.	.	.	.	9
51	.	.	.	.	.	9	.	.	.	.	.	55
52	.	.	123	.	145	120	90	70	57	43	33	34
53	41	40	33	26	23	17	13	11	11	11	11	15
54	20	18	15	13	13	12	10	9	10	11	11	14
1955	18	29	18	25	20	22	18	18	16	12	10	15
56	22	30	25	26	31	39	45	45	18	13	14	35
57	30	26	24	20	19	15	11	7	7	11	15	19
58	28	35	36	48	60	62	45	54	61	58	52	60
59	64	53	47	40	32	24	17	12	11	11	11	12
1960	16	15	10	9	8	8	9	7	12	20	33	52
61	54	38	23	17	15	10	9	17	35	41	37	38
62	40	35	31	29	26	25	20	19	26	34	40	42
63	186	218	66	34	36	19	13	.	.	.	.	.

[1] Hierunter werden in der englischen Statistik Arbeitslose verstanden, die in den Listen der Unternehmer weitergeführt und voraussichtlich bald auf ihren Arbeitsplatz zurückkehren werden. Sie sind bis Mitte 1952 zusammen mit den registrierten Vollarbeitslosen ausgewiesen worden, werden danach jedoch bei den Industriezweigen als Beschäftigte gezählt.

32. Zivile Bereiche insgesamt

Jahr	J	F	M	A	M	J	J	A	S	O	N	D
1948	.	.	.	.	.	21.569	.	.	22.055	.	.	22.011
49	22.009	22.000	22.006	22.096	22.132	21.741	22.163	22.212	22.230	22.255	22.307	21.866
1950	22.265	22.244	22.244	22.310	22.331	21.993	22.359	22.416	22.448	22.473	22.197	22.105
51	22.122	22.137	22.153	22.211	22.258	22.214	22.332	22.404	22.399	22.363	22.344	22.164
52	22.203	22.156	22.123	22.134	22.152	22.119	22.129	22.196	22.175	22.126	22.124	22.050
53	22.017	22.015	22.027	22.110	22.167	22.238	22.214	22.320	22.325	22.383	22.400	22.363
54	22.288	22.275	22.274	22.344	22.430	22.604	22.518	22.613	22.614	22.773	22.818	22.721
1955	22.716	22.726	22.727	22.817	22.873	22.933	22.938	23.026	23.030	23.101	23.136	23.053
56	22.988	22.951	22.953	22.988	23.017	23.149	23.055	23.099	23.084	23.191	23.178	23.111
57	22.979	22.948	22.908	22.972	22.995	23.245	23.040	23.111	23.107	23.325	23.287	23.128
58	23.087	23.045	23.022	23.052	23.077	23.080	23.094	23.139	23.097	23.079	23.043	22.990
59	22.820	22.797	22.804	22.860	23.110	23.197	23.229	23.336	23.380	23.418	23.441	23.316
1960	23.335	23.360	23.370	23.451	23.559	23.628	23.698	23.807	23.843	23.870	23.892	23.739
61	23.713	23.734	23.757	23.821	23.871	23.925	23.916	24.000	24.060	24.076	24.094	23.923
62	23.894	23.889	23.844	23.877	24.050	24.098	24.147	24.173	24.152	24.117	24.087	24.044
63	23.737	23.618	23.697	23.789	23.872	23.917	23.963	.	.	.	.	.

33. Zivile Bereiche, männliche Beschäftigte

Jahr	J	F	M	A	M	J	J	A	S	O	N	D
1948	.	.	.	.	.	14.549	.	.	15.050	.	.	15.019
49	15.020	15.014	15.019	15.061	15.070	14.701	15.093	15.113	15.122	15.129	15.141	14.835
1950	15.142	15.125	15.136	15.163	15.172	14.813	15.190	15.222	15.234	15.235	14.971	14.924
51	14.953	14.958	14.959	14.985	14.998	14.859	15.022	15.062	15.064	15.037	15.012	14.849
52	14.972	14.954	14.947	14.958	14.970	14.836	14.940	14.968	14.962	14.827	14.805	14.781
53	14.770	14.771	14.776	14.815	14.836	14.862	14.841	14.890	14.897	14.915	14.906	14.901
54	14.882	14.880	14.876	14.913	14.948	15.009	14.971	15.016	15.011	15.068	15.074	15.058
1955	15.073	15.082	15.085	15.137	15.155	15.182	15.178	15.230	15.225	15.249	15.238	15.221
56	15.208	15.190	15.211	15.233	15.254	15.310	15.266	15.282	15.272	15.319	15.296	15.290
57	15.231	15.213	15.200	15.231	15.239	15.367	15.263	15.302	15.291	15.400	15.369	15.315
58	15.298	15.280	15.274	15.289	15.302	15.288	15.303	15.318	15.292	15.265	15.231	15.215
59	15.139	15.135	15.144	15.168	15.285	15.308	15.321	15.376	15.400	15.404	15.396	15.365
1960	15.380	15.395	15.406	15.439	15.499	15.526	15.566	15.628	15.643	15.638	15.631	15.579
61	15.578	15.600	15.617	15.644	15.668	15.682	15.663	15.703	15.728	15.734	15.732	15.670
62	15.664	15.671	15.646	15.646	15.744	15.769	15.786	15.798	15.784	15.749	15.711	15.669
63	15.490	15.397	15.491	15.557	15.610	15.619	15.630	.	.	.	.	.

Anzahl der Beschäftigten (in Tsd.)

34. Zivile Bereiche, weibliche Beschäftigte

Jahr	J	F	M	A	M	J	J	A	S	O	N	D
1948	.	.	.	.	.	7.020	.	.	7.005	.	.	6.992
49	6.989	6.986	6.987	7.035	7.062	7.040	7.070	7.099	7.108	7.126	7.166	7.031
1950	7.123	7.119	7.108	7.147	7.159	7.180	7.169	7.194	7.214	7.238	7.226	7.181
51	7.169	7.179	7.194	7.226	7.260	7.355	7.310	7.342	7.335	7.326	7.332	7.315
52	7.231	7.202	7.176	7.176	7.182	7.283	7.189	7.228	7.213	7.299	7.319	7.269
53	7.247	7.244	7.251	7.295	7.331	7.376	7.373	7.430	7.428	7.468	7.494	7.462
54	7.406	7.395	7.398	7.431	7.482	7.595	7.547	7.597	7.603	7.705	7.744	7.663
1955	7.643	7.644	7.642	7.680	7.718	7.751	7.760	7.796	7.805	7.852	7.898	7.832
56	7.780	7.761	7.742	7.755	7.763	7.839	7.789	7.817	7.812	7.872	7.882	7.821
57	7.748	7.735	7.708	7.741	7.756	7.878	7.777	7.809	7.816	7.925	7.918	7.813
58	7.789	7.765	7.748	7.763	7.775	7.792	7.791	7.821	7.805	7.814	7.812	7.775
59	7.681	7.662	7.660	7.692	7.825	7.889	7.908	7.960	7.980	8.014	8.045	7.951
1960	7.955	7.965	7.964	8.012	8.060	8.102	8.132	8.179	8.200	8.232	8.261	8.160
61	8.135	8.134	8.140	8.177	8.203	8.243	8.253	8.297	8.332	8.342	8.362	8.253
62	8.230	8.218	8.198	8.231	8.306	8.329	8.361	8.375	8.368	8.368	8.376	8.375
63	8.247	8.221	8.206	8.232	8.262	8.298	8.333	.	.	.	.	.

35. Angehörige der Streitkräfte und der „Women's Services"

Jahr	J	F	M	A	M	J	J	A	S	O	N	D
1948	.	.	.	.	.	846	.	.	787	.	.	808
49	802	795	785	778	776	770	765	758	746	740	737	725
1950	721	717	713	704	688	690	690	701	708	726	745	752
51	773	793	809	818	822	827	832	835	840	844	853	852
52	859	860	863	868	871	872	872	871	873	873	874	872
53	873	873	871	866	867	865	865	865	864	862	857	850
54	847	844	846	842	841	839	835	836	836	834	836	830
1955	831	829	824	818	811	803	798	793	790	786	783	779
56	778	776	773	770	765	761	757	777	780	779	775	761
57	740	728	719	713	708	702	693	681	674	665	656	650
58	639	632	626	622	619	614	609	603	599	598	594	590
59	585	583	579	573	568	565	559	555	551	547	540	536
1960	532	529	526	521	521	518	516	513	513	511	508	503
61	500	494	485	479	478	474	469	464	464	461	457	454
62	452	449	446	443	444	442	441	438	436	438	435	433
63	432	432	431	429	428	427	425	.	.	.	.	.

36. Männliche Angehörige der Streitkräfte

Jahr	J	F	M	A	M	J	J	A	S	O	N	D
1948	.	.	.	.	.	807	.	.	751	.	.	774
49	767	760	750	744	742	737	734	728	717	712	709	698
1950	694	691	688	679	664	666	667	678	685	703	722	730
51	751	771	787	796	799	804	809	812	817	821	830	829
52	836	837	840	845	847	848	848	847	849	849	850	848
53	849	848	847	841	843	841	841	841	840	838	833	826
54	824	821	823	819	818	816	813	814	814	813	814	809
1955	810	808	803	798	791	784	779	774	772	768	765	762
56	761	759	756	754	749	745	741	761	764	763	759	745
57	725	712	704	698	693	687	678	666	660	651	642	636
58	625	618	612	608	605	600	595	589	585	584	580	576
59	571	569	564	558	553	550	544	540	536	532	525	521
1960	517	514	511	506	506	503	501	498	498	496	493	488
61	485	479	469	464	463	459	454	448	448	445	441	438
62	436	433	429	426	427	425	424	421	419	420	417	415
63	414	414	413	411	410	410	408	.	.	.	.	.

37. Weibliche Angehörige der Streitkräfte und „Women's Services"

Jahr	J	F	M	A	M	J	J	A	S	O	N	D
1948	.	.	.	.	.	39	.	.	36	.	.	34
49	35	35	35	34	34	33	31	30	29	28	28	27
1950	27	26	25	25	24	24	23	23	23	23	23	22
51	22	22	22	22	23	23	23	23	23	23	23	23
52	23	23	23	23	24	24	24	24	24	24	24	24
53	24	25	24	25	24	24	24	24	24	24	24	24
54	23	23	23	23	23	23	22	22	22	21	22	21
1955	21	21	21	20	20	19	19	19	18	18	18	17
56	17	17	17	16	16	16	16	16	16	16	16	16
57	15	16	15	15	15	15	15	15	14	14	14	14
58	14	14	14	14	14	14	14	14	14	14	14	14
59	14	14	15	15	15	15	15	15	15	15	15	15
1960	15	15	15	15	15	15	15	15	15	15	15	15
61	15	15	16	15	15	15	15	16	16	16	16	16
62	16	16	17	17	17	17	17	17	17	18	18	18
63	18	18	18	18	18	17	17	.	.	.	.	.

38. Arbeitsfähige Bevölkerung insgesamt[1]

Jahr	J	F	M	A	M	J	J	A	S	O	N	D
1948	.	.	.	.	.	22.780	.	.	23.210	.	.	23.185
49	23.214	23.194	23.162	23.206	23.205	22.771	23.198	23.253	23.278	23.324	23.384	22.962
1950	23.370	23.335	23.303	23.351	23.324	22.954	23.334	23.404	23.454	23.503	23.244	23.176
51	23.205	23.218	23.229	23.268	23.289	23.228	23.365	23.451	23.482	23.492	23.500	23.314
52	23.454	23.430	23.321	23.480	23.338	23.294	23.319	23.402	23.391	23.371	23.373	23.323
53	23.285	23.276	23.254	23.309	23.325	23.373	23.352	23.473	23.483	23.556	23.575	23.549
54	23.496	23.465	23.432	23.480	23.518	23.667	23.578	23.684	23.697	23.861	23.910	23.823
1955	23.834	23.833	23.795	23.846	23.870	23.912	23.916	24.007	24.018	24.103	24.135	24.073
56	24.020	23.988	23.952	23.982	23.984	24.107	24.012	24.101	24.100	24.223	24.225	24.209
57	24.085	24.024	23.961	24.000	23.975	24.188	23.985	24.057	24.052	24.281	24.264	24.145
58	24.118	24.077	24.048	24.074	24.102	24.070	24.092	24.158	24,134	24.150	24.126	24.106
59	23.965	23.903	23.881	23.899	4.093	24.145	24.185	24.297	24.334	24.379	24.394	24.288
1960	24.306	24.306	24.295	24.327	24.394	24.436	24.513	24.625	24.664	24.703	24.726	24.585
61	24.563	24.560	24.564	24.600	24.620	24.650	24.664	24.757	24.830	24.873	24.903	24.769
62	24.762	24.750	24.698	24.723	24.879	24.912	24.968	25.056	25.027	25.022	25.027	25.001
63	24.798	24.710	24.764	24.789	24.818	24.805	24.824	.	.	.	.	.

[1] Die arbeitsfähige Bevölkerung umfaßt insgesamt die Angehörigen der Streitkräfte, der ,,Woman's Services", alle Beschäftigten in zivilen Bereichen und die registrierten Vollarbeitslosen.

39. Arbeitsfähige Bevölkerung, männlich[1]

Jahr	J	F	M	A	M	J	J	A	S	O	N	D
1948	.	.	.	.	.	15.657	.	.	16.090	.	.	16.069
49	16.093	16.079	16.053	16.058	16.039	15.641	16.034	16.056	16.068	16.083	16.099	15.800
1950	16.112	16.086	16.074	16.085	16.058	15.678	16.062	16.100	16.126	16.143	15.897	15.875
51	15.915	15.922	15.923	15.940	15.938	15.791	15.965	16.014	16.031	16.027	16.021	15.860
52	16.035	16.027	15.987	16.051	16.002	15.864	15.979	16.017	16.018	15.906	15.894	15.887
53	15.874	15.870	15.851	15.868	15.867	15.883	15.864	15.918	15.924	15.951	15.945	15.949
54	15.947	15.932	15.901	15.923	15.928	15.974	15.934	15.985	15.984	16.044	16.054	16.047
1955	16.074	16.072	16.047	16.069	16.066	16.084	16.077	16.128	16.125	16.157	16.145	16.144
56	16.141	16.128	16.116	16.135	16.138	16.188	16.143	16.194	16.190	16.245	16.236	16.270
57	16.212	16.167	16.136	16.148	16.121	16.225	16.120	16.155	16.140	16.254	16.238	16.214
58	16.205	16.188	16.176	16.184	16.198	16.160	16.180	16.207	16.190	16.188	16.161	16.175
59	16.124	16.087	16.069	16.062	16.138	16.137	16.154	16.210	16.227.	16.235	16.222	16.205
1960	16.215	16.208	16.203	16.196	16.229	16.239	16.283	16.344	16.362	16.364	16.358	16.315
61	16.315	16.317	16.117	16.323	16.326	16.325	16.321	16.364	16.398	16.424	16.432	16.401
62	16.411	16.410	16.378	16.370	16.456	16.472	16.495	16.547	16.528	16.515	16.506	16.483
63	16.391	16.329	16.400	16.399	16.406	16.375	16.366	.	.	.	.	.

[1] Siehe Anmerkung zu Tabelle 38.

40. Arbeitsfähige Bevölkerung, weiblich[1]

Jahr	J	F	M	A	M	J	J	A	S	O	N	D
1948	.	.	.	.	.	7.123	.	.	7.170	.	.	7.116
49	7.121	7.115	7.109	7.148	7.166	7.130	7.164	7.197	7.210	7.241	7.285	7.162
1950	7.258	7.249	7.229	7.266	7.266	7.276	7.272	7.304	7.328	7.360	7.347	7.301
51	7.290	7.296	7.306	7.328	7.351	7.437	7.400	7.437	7.451	7.465	7.479	7.454
52	7.419	7.403	7.334	7.429	7.336	7.430	7.340	7.385	7.373	7.465	7.479	7.436
53	7.411	7.406	7.403	7.441	7.458	7.490	7.488	7.555	7.559	7.605	7.630	7600.
54	7.549	7.533	7.531	7.557	7.590	7.693	7.644	7.699	7.713	7.817	7.856	7.776
1955	7.760	7.761	7.748	7.777	7.804	7.828	7.839	7.879	7.893	7.946	7.990	7.929
56	7.879	7.860	7.836	7.847	7.846	7.919	7.869	7.907	7.910	7.978	7.989	7.939
57	7.873	7.857	7.825	7.852	7.854	7.963	7.865	7.902	7.912	8.027	8.026	7.931
58	7.913	7.889	7.872	7.890	7.904	7.910	7.912	7.951	7.944	7.962	7.965	7.931
59	7.841	7.816	7.812	7.837	7.955	8.008	8.031	8.087	8.107	8.144	8.172	8.083
1960	8.091	8.098	8.092	8.131	8.165	8.197	8.230	8.281	8.302	8.339	8.368	8.270
61	8.248	8.243	8.247	8.277	8.294	8.325	8.343	8.393	8.432	8.449	8.471	8.368
62	8.351	8.340	8.320	8.353	8.423	8.440	8.473	8.509	8.499	8.507	8.521	8.518
63	8.407	8.381	8.364	8.390	8.412	8.430	8.458	.	.	.	.	.

[1] Siehe Anmerkung zu Tabelle 38.

Durchschnittliche Anzahl der wöchentlichen Arbeitsstunden aller Beschäftigten 1950 bis 1959

	A = April O = Oktober	1950	51	52	53	54	55	56	57	58	59
Alle Bereiche (ohne Landwirtschaft)	A	45,6	46,3	45,6	46,2	46,5	46,9	46,7	46,6	46,2	46,3
	O	46,1	46,1	46,1	46,3	46,7	46,9	46,6	46,4	46,0	46,7
Bergbau (ohne Kohle) und Steinbruchbetriebe	A	47,0	47,8	48,1	48,4	48,8	50,0	50,1	49,5	49,2	49,7
	O	47,5	48,1	48,2	47,9	48,6	49,7	49,4	48,4	48,7	49,9
Verarbeitende Industrie insgesamt	A	45,2	45,7	45,0	45,7	46,1	46,3	46,0	45,9	45,5	45,7
	O	45,7	45,6	45,7	45,9	46,3	46,4	46,0	45,8	45,3	46,1
Metallerzeugung	A	47,0	47,1	47,1	46,5	47,3	47,9	47,6	46,6	46,4	46,0
	O	47,3	47,5	47,1	47,2	47,8	48,1	47,7	47,3	45,7	47,1
Maschinenbau, Schiffbau und elektrotechnische Industrie	A	46,1	46,9	46,8	46,9	47,5	47,7	47,6	47,3	46,8	46,6
	O	46,7	47,0	47,1	46,9	47,5	47,7	47,5	47,0	46,4	47,0
Fahrzeugbau	A	45,4	45,8	45,9	46,4	46,7	47,1	46,3	46,1	46,3	46,6
	O	45,8	46,2	46,1	46,4	46,9	46,9	45,9	46,2	45,4	46,6
Feinmechanische und verwandte Industrien	A	44,3	44,6	44,2	44,5	44,9	45,0	44,7	44,5	44,1	44,2
	O	44,7	44,7	44,5	45,0	45,3	45,2	44,7	44,1	44,0	44,5
Übrige metallverarbeitende Industrien	A	44,8	45,1	45,0	45,2	45,7	46,1	45,7	45,6	45,3	45,4
	O	45,4	45,2	45,4	45,7	46,1	46,1	45,8	45,7	45,1	46,1
Chemische Industrie und verwandte Zweige	A	46,0	46,7	45,8	46,3	46,9	47,3	47,0	47,0	46,7	46,6
	O	46,6	46,4	45,9	46,7	47,0	47,2	46,9	46,7	46,5	46,9
Ziegel-, Glas-, Zement-industrie u. ä.	A	46,7	47,4	47,1	47,3	47,9	48,2	48,1	48,0	47,4	47,6
	O	47,2	47,4	47,1	47,7	47,9	48,2	48,0	47,6	47,5	48,1
Holzverarbeitung und verwandte Zweige	A	45,0	45,8	44,8	45,4	45,7	45,3	45,2	45,2	44,7	45,4
	O	46,0	44,8	45,5	46,0	46,3	46,3	46,1	45,5	46,1	46,6
Papierindustrie und Druckereien	A	45,2	45,3	44,3	45,2	45,7	46,0	45,5	45,3	45,3	45,5
	O	45,0	45,2	44,4	45,8	46,2	46,1	45,5	45,2	45,4	45,9
Textilindustrie	A	44,6	44,7	41,6	44,7	44,7	44,4	44,1	44,5	43,6	44,3
	O	44,8	44,2	44,4	44,9	44,8	44,6	44,5	44,3	43,8	44,8
Ledererzeugung und -Verarbeitung (einschl. Pelze)	A	44,3	44,5	42,6	44,3	44,3	44,4	44,0	44,1	43,6	44,5
	O	44,6	44,1	44,8	44,7	44,7	44,9	44,4	44,2	44,4	44,9
Bekleidungsindustrie	A	41,6	41,9	40,3	42,0	41,6	41,8	41,7	41,4	40,9	41,4
	O	41,7	40,4	41,8	41,5	41,5	41,6	41,3	40,9	40,9	41,2
Nahrungsmittel-, Getränke- und Tabakindustrie	A	46,1	46,3	46,1	46,3	46,6	46,7	46,4	46,4	46,5	46,3
	O	46,4	46,4	46,4	46,3	46,6	46,6	46,6	46,4	46,3	46,5
Übrige verarbeitende Industrien	A	45,6	46,0	45,1	45,7	46,7	46,7	45,7	46,1	45,7	45,8
	O	46,1	46,1	45,6	46,7	47,0	46,8	46,2	46,1	45,8	46,6
Bauindustrie	A	47,0	48,3	47,6	48,6	48,8	49,6	49,8	49,6	49,1	48,9
	O	47,6	47,9	47,9	48,0	48,6	49,3	49,4	48,7	48,8	49,4
Gas- Elektrizitäts- und Wasserversorgung	A	46,9	47,6	47,3	47,5	47,9	48,5	47,9	47,8	48,2	48,2
	O	47,5	47,9	47,5	47,5	48,1	48,4	47,9	47,9	48,1	48,6
Transport- und Nachrichtenwesen[1]	A	48,5	49,9	48,9	49,0	49,5	50,6	50,4	50,0	49,7	50,1
	O	49,1	49,3	48,6	49,1	50,1	50,8	50,3	50,1	49,7	50,4
Staatliche und örtliche Verwaltung	A	44,3	44,8	44,8	44,9	44,9	45,1	45,0	44,8	44,7	44,8
	O	44,6	44,8	44,6	44,6	44,7	44,8	44,6	44,8	44,4	44,7

[1] Ohne Eisenbahn, London Transport and British Road Services.

Quelle: Annual Abstract of Statistics, Central Statistical Office, London, 1958, 1959 und 1960.

Durchschnittliche Anzahl der wöchentlichen Arbeitsstunden 1959 bis 1963

Industriegruppe bzw. Tätigkeitsbereich	1959		1960		1961		1962		1963
	April[1] (letzte Lw.)	Oktober (2. Lw.)	April (letzte (Lw.)	Oktober (2. Lw.)	April (3. Lw.)	Oktober (2. Lw.)	April (2. Lw.)	Oktober (2. Lw.)	April (letzte Lw.)
Alle Bereiche									
a) Männer von 21 Jahren an	48,0	48,5	48,0	48,0	47,9	47,4	47,3	47,0	46,9
b) Männliche Jugendliche unter 21 Jahren	44,6	44,9	44,2	44,3	44,1	43,6	43,5	43,4	43,3
c) Frauen von 18 Jahren an, voll arbeitend	41,5	41,6	40,8	40,5	39,9	39,7	39,6	39,4	39,5
d) Frauen von 18 Jahren an, verkürzt arbeitend			21,6	21,7	21,7	21,8	21,7	21,8	21,7
e) Weibliche Jugendliche unter 18 Jahren	42,3	42,4	41,9	41,4	40,8	40,6	40,4	40,3	40,3
Bergbau (ohne Kohle) und Steinbruchbetriebe									
a) Männer von 21 Jahren an	50,0	50,4	51,0	51,5	51,4	50,2	50,1	50,8	51,3
b) Männliche Jugendliche unter 21 Jahren	45,3	45,5	45,9	46,9	46,0	45,2	45,0	45,3	46,1
c) Frauen von 18 Jahren an, voll arbeitend	40,7	41,0	40,6	40,4	40,5	40,5	40,2	38,1	40,6
d) Frauen von 18 Jahren an, verkürzt arbeitend			[2]	[2]	[2]	[2]	[2]		[2]
e) Weibliche Jugendliche unter 18 Jahren	[2]	[2]	[2]	[2]	[2]	[2]	[2]	[2][2]	[2]
Verarbeitende Industrie, insgesamt									
a) Männer von 21 Jahren an	47,6	48,2	47,4	47,4	47,3	46,8	46,6	46,2	46,1
b) Männliche Jugendliche unter 18 Jahren	44,2	44,5	43,5	43,6	43,5	43,0	42,8	42,7	42,6
c) Frauen von 18 Jahren an, voll arbeitend	41,5	41,7	40,6	40,4	39,8	39,6	39,4	39,3	39,4
d) Frauen von 18 Jahren an, verkürzt arbeitend			21,7	21,8	21,9	22,0	21,9	22,0	21,8
e) Weibliche Jugendliche unter 21 Jahren	42,4	42,4	41,9	41,4	40,8	40,6	40,4	40,3	40,3
Metallerzeugung									
a) Männer von 21 Jahren an	46,6	47,8	47,1	47,3	46,5	46,0	45,6	45,3	45,4
b) Männliche Jugendliche unter 21 Jahren	43,1	44,0	42,6	43,0	42,8	41,1	41,9	41,9	41,6
c) Frauen von 18 Jahren an, voll arbeitend	41,1	41,6	39,9	39,6	39,5	39,3	39,4	38,8	39,0
d) Frauen von 18 Jahren an, verkürzt arbeitend			21,2	21,3	21,3	21,3	21,4	21,1	21,3
e) Weibliche Jugendliche unter 18 Jahren	42,1	42,4	40,9	40,2	40,9	40,4	40,3	39,9	39,8
Maschinenbau und elektrotechnische Industrie	[3]	[3]							
a) Männer von 21 Jahren an	47,8	48,3	47,0	47,6	47,7	47,3	47,0	46,3	46,0
b) Männliche Jugendliche unter 18 Jahren	43,9	44,4	42,7	43,3	43,3	43,0	42,9	42,6	42,5
c) Frauen von 18.Jahren an, voll arbeitend	42,4	42,7	40,8	40,6	40,3	40,4	40,2	40,0	40,2
d) Frauen von 18 Jahren an, verkürzt arbeitend			21,7	21,8	22,0	21,5	21,6	21,8	21,7
e) Weibliche Jugendliche unter 18 Jahren	42,4	42,8	41,0	40,7	40,9	40,5	40,6	40,5	40,3
Schiffbau und verwandte Industrien	[3]	[3]							
a) Männer von 21 Jahren an			46,4	46,6	46,9	46,2	46,8	45,6	46,1
b) Männliche Jugendliche unter 21 Jahren			42,6	42,6	42,6	42,4	42,5	42,1	41,7
c) Frauen von 18 Jahren an, voll arbeitend			40,3	41,4	40,3	40,2	39,1	40,0	40,5
d) Frauen von 18 Jahren an, verkürzt arbeitend			22,0	22,5	21,8	22,8	22,4	23,0	22,4
e) Weibliche Jugendliche unter 18 Jahren			[2]	[2]	[2]	[2]	[2]	[2]	[2]
Fahrzeugbau									
a) Männer von 21 Jahren an	47,4	47,5	47,0	44,8	46,2	44,9	45,6	44,4	45,0
b) Männliche Jugendliche unter 21 Jahren	44,2	44,1	42,6	42,2	42,5	41,9	41,8	41,7	41,8
c) Frauen von 18 Jahren an, voll arbeitend	42,1	41,9	40,6	39,8	40,0	39,5	40,2	39,9	40,3
d) Frauen von 18 Jahren an, verkürzt arbeitend			20,7	20,5	21,7	21,6	21,4	21,2	20,8
e) Weibliche Jugendliche unter 18 Jahren	42,0	41,6	40,7	40,0	40,6	40,2	40,7	40,0	41,0
Übrige metallverarbeitende Industrien									
ﬀ) Männer von 21 Jahren an	47,5	48,5	47,7	47,8	47,4	47,3	46,7	46,4	46,3
Männliche Jugendliche unter 21 Jahren	44,2	44,9	43,8	43,7	43,7	43,3	43,0	42,9	42,6
c) Frauen von 18 Jahren an, voll arbeitend	41,1	41,4	39,8	39,6	39,3	38,9	39,4	38,9	39,1
d) Frauen von 18 Jahren an, verkürzt arbeitend			21,7	21,2	21,7	22,0	21,8	21,8	21,7
e) Weibliche Jugendliche unter 18 Jahren	42,7	42,4	41,0	40,8	40,6	40,3	40,3	39,8	40,6

Durchschnittliche Anzahl der wöchentlichen Arbeitsstunden 1959 bis 1963

Industriegruppe bzw. Tätigkeitsbereich	1959 April (letzte Lw.)	1959 Oktober (2. Lw.)	1960 April (letzte Lw.)	1960 Oktober (2. Lw.)	1961 April (3. Lw.)	1961 Oktober (2. Lw.)	1962 April (2. Lw.)	1962 Oktober (2. Lw.)	1963 April (letzte Lw.)
Chemische Industrie und verwandte Zweige									
a) Männer von 21 Jahren an	47,9	48,3	47,5	47,3	47,3	46,8	46,9	46,3	46,6
b) Männliche Jugendliche unter 21 Jahren	44,0	44,2	43,2	42,7	42,9	42,5	42,5	42,2	42,4
c) Frauen von 18 Jahre an, voll arbeitend	42,2	42,2	41,0	40,7	40,1	39,9	40,1	40,1	40,0
d) Frauen von 18 Jahren an, verkürzt arbeitend			21,6	21,8	21,5	21,3	21,6	21,6	21,8
e) Weibliche Jugendliche unter 18 Jahren	42,1	42,6	41,2	40,1	40,9	40,6	40,4	40,8	40,2
Ziegel-, Keramik-, Glas-, Zementindustrie usw.									
a) Männer von 21 Jahren an	49,7	50,3	50,0	50,2	49,7	49,3	48,9	48,8	48,7
b) Männliche Jugendliche unter 21 Jahren	45,1	45,4	44,8	44,8	44,1	44,1	43,6	43,8	43,6
c) Frauen von 18 Jahren an, voll arbeitend	40,7	41,0	40,0	39,6	39,2	38,8	39,0	38,5	38,5
d) Frauen von 18 Jahren an, verkürzt arbeitend			21,9	21,7	21,9	21,7	22,1	21,9	22,0
e) Weibliche Jugendliche unter 18 Jahren	42,4	43,0	41,8	41,4	40,7	40,6	40,0	40,3	40,0
Holz- und Möbelindustrie und verwandte Zweige									
a) Männer von 21 Jahren an	46,6	48,0	46,8	47,0	46,9	46,7	45,6	46,3	45,1
b) Männliche Jugendliche unter 21 Jahren	44,3	45,1	44,1	44,2	44,1	43,5	42,8	43,2	42,8
c) Frauen von 18 Jahren an, voll arbeitend	40,2	41,2	40,1	39,5	39,1	39,4	38,6	38,9	38,8
d) Frauen von 18 Jahren an, verkürzt arbeitend			21,5	21,7	21,9	22,5	21,8	21,6	21,6
e) Weibliche Jugendliche unter 18 Jahren	41,7	42,5	42,0	41,2	41,0	40,6	40,2	40,6	40,8
Papier-, Druck- und Vervielfältigungsinsdutrie									
a) Männer von 21 Jahren an	47,2	47,7	47,0	47,5	47,1	46,7	46,4	45,9	45,8
b) Männliche Jugendliche unter 21 Jahren	44,1	44,2	43,9	43,9	43,8	42,8	42,8	42,3	42,5
c) Frauen von 18 Jahren an, voll arbeitend	42,3	42,5	41,5	41,6	40,9	40,4	39,9	39,6	39,7
d) Frauen von 18 Jahren an, verkürzt arbeitend			21,7	21,6	21,7	21,8	21,5	21,7	21,9
e) Weibliche Jugendliche unter 18 Jahren	43,0	42,9	42,1	42,1	41,8	41,1	40,7	40,1	40,2
Textilindustrie									
a) Männer von 21 Jahren an	47,9	48,7	48,3	48,0	47,2	46,6	46,2	46,4	46,5
b) Männliche Jugendliche unter 21 Jahren	44,9	45,5	44,9	44,9	44,2	43,3	43,2	43,2	43,4
c) Frauen von 18 Jahren an, voll arbeitend	41,5	41,8	41,1	41,2	39,8	39,5	39,2	39,3	39,4
d) Frauen von 18 Jahren an, verkürzt arbeitend			21,1	21,3	21,2	21,4	21,4	21,6	21,3
e) Weibliche Jugendliche unter 18 Jahren	42,6	43,0	42,4	42,4	41,1	40,8	40,6	40,6	40,6
Leder-, Lederwaren- und Pelzwarenindustrie									
a) Männer von 21 Jahren an	47,1	47,7	47,0	47,7	46,4	46,7	45,9	46,2	46,4
b) Männliche Jugendliche unter 21 Jahren	44,6	45,1	44,6	44,9	43,7	43,5	43,1	43,3	43,4
c) Frauen von 18 Jahren an, voll arbeitend	41,1	41,2	40,2	40,6	39,3	38,9	38,6	39,3	39,2
d) Frauen von 18 Jahren an, verkürzt arbeitend			22,2	22,5	22,7	23,0	23,4	22,7	22,9
e) Weibliche Jugendliche unter 18 Jahren	42,5	43,5	42,1	42,3	41,0	41,3	40,1	40,2	41,0
Bekleidungs- und Schuhwarenindustrie									
a) Männer von 21 Jahren an	44,8	44,5	44,2	44,3	44,2	43,7	43,2	43,0	43,0
b) Männliche Jugendliche unter 21 Jahren	43,8	43,4	43,1	43,2	42,7	42,3	41,6	41,7	41,6
c) Frauen von 18 Jahren an, voll arbeitend	44,0	39,8	39,5	39,2	38,8	38,5	38,4	38,1	38,2
d) Frauen von 18 Jahren an, verkürzt arbeitend			23,0	23,0	23,2	23,4	23,4	23,4	23,2
e) Weibliche Jugendliche unter 18 Jahren	41,8	41,5	41,5	40,8	40,2	40,2	40,0	39,9	39,9
Nahrungsmittel-, Getränke- und Tabakindustrie									
a) Männer von 21 Jahren an	48,8	49,1	48,9	49,1	48,3	48,5	48,2	47,9	47,8
b) Männliche Jugendliche unter 21 Jahren	45,0	45,1	45,3	45,1	44,7	44,2	44,3	43,9	44,0
c) Frauen von 18 Jahren an, voll arbeitend	42,6	42,7	42,1	41,4	40,9	40,7	40,3	40,2	40,3
d) Frauen von 18 Jahren an, verkürzt arbeitend			21,5	22,1	21,8	22,1	21,6	21,8	21,6
e) Weibliche Jugendliche unter 18 Jahren	42,7	42,9	44,1	42,3	41,6	41,0	41,2	40,8	41,1

Durchschnittliche Anzahl der wöchentlichen Arbeitsstunden 1959 bis 1963

Industriegruppe bzw. Tätigkeitsbereich	1959 April (letzte Lw.)	1959 Oktober (2. Lw.)	1960 April (letzte Lw.)	1960 Oktober (2. Lw.)	1961 April (3. Lw.)	1961 Oktober (3. Lw.)	1962 April (2. Lw.)	1962 Oktober (2. Lw.)	1963 April (letzte Lw.)
Übrige verarbeitende Industrien									
a) Männer von 21 Jahren an	48.3	49,6	48,3	48,2	47,7	47,6	47,4	47,4	47,0
b) Männliche Jugendliche unter 21 Jahren	45,1	45,6	44,4	44,4	44,1	44,0	43,7	43,8	43,7
c) Frauen von 18 Jahren an, voll arbeitend	} 41,8	} 42,0	41,0	40,6	39,6	39,8	39,9	39,8	39,6
d) Frauen von 18 Jahren an, verkürzt arbeitend			22,0	21,9	21,7	22,1	22,3	22,3	22,1
e) Weibliche Jugendliche unter 18 Jahren	42,3	42,1	41,7	41,7	40,2	40,3	40,5	40,5	40,2
Bauindustrie									
a) Männer von 21 Jahren an	49,2	49,7	49,4	50,3	50,1	49,4	49,4	49,5	48,9
b) Männliche Jugendliche unter 21 Jahren	46,4	46,7	46,4	47,1	46,7	45,8	45,6	45,5	45,2
c) Frauen von 18 Jahren an, voll arbeitend	} 38,1	} 37,6	40,3	39,8	40,2	39,4	39,0	39,1	39,3
d) Frauen von 18 Jahren an, verkürzt arbeitend			17,9	18,2	18,0	18,1	18,1	18,3	17,6
e) Weibliche Jugendliche unter 18 Jahren	[2]	[2]	40,1	39,7	41,0	40,4	39,9	[2]	[2]
Gas-, Elektrizitäts- und Wasserversorgung									
a) Männer von 21 Jahren an	48,6	48,9	48,0	47,7	47,8	47,9	48,4	48,5	48,4
b) Männliche Jugendliche unter 21 Jahren	45,1	45,4	44,5	43,9	44,3	43,7	44,1	44,4	44,4
c) Frauen von 18 Jahren an, voll arbeitend	} 39,4	} 39,8	39,3	38,6	38,6	37,9	38,6	39,1	38,0
d) Frauen von 18 Jahren an, verkürzt arbeitend			19,6	19,5	19,6	19,7	20,0	20,0	40,2
e) Weibliche Jugendliche unter 18 Jahren	[2]	[2]	[2]	[2]	[2]	[2]	[2]	[2]	[2]
Transport- und Nachrichtenwesen[4]									
a) Männer von 21 Jahren an	50,8	51,0	50,7	50,9	50,4	50,3	49,7	49,4	49,6
b) Männliche Jugendliche unter 21 Jahren	46,0	46,0	46,3	46,2	46,2	45,5	45,7	45,2	45,2
c) Frauen von 18 Jahren an, voll arbeitend	} 44,5	} 44,9	45,3	44,5	44,1	43,9	43,8	43,7	43,5
d) Frauen von 18 Jahren an, verkürzt arbeitend			21,6	21,4	21,1	21,2	20,5	20,2	21,8
e) Weibliche Jugendliche unter 18 Jahren	[2]	[2]	[2]	[2]	[2]	[2]	[2]	[2]	40,5
Dienstleistende Bereiche									
a) Männer von 21 Jahren an			47,1	46,5	46,5	45,9	46,1	45,8	46,2
b) Männliche Jugendliche unter 21 Jahren			44,4	43,9	43,8	43,6	43,6	43,6	44,0
c) Frauen von 18 Jahren an, voll arbeitend			41,5	41,0	40,6	40,3	40,2	40,0	40,5
d) Frauen von 18 Jahren an, verkürzt arbeitend			22,2	22,1	22,3	22,3	22,2	21,9	22,2
e) Weibliche Jugendliche unter 18 Jahren			42,0	41,5	41,5	40,7	40,7	40,6	40,8
Staatliche und örtliche Verwaltung									
a) Männer von 21 Jahren an	45,9	45,8	46,1	45,6	44,7	44,4	44,6	44,6	44,9
b) Männliche Jugendliche unter 21 Jahren	44,2	44,0	44,4	43,9	42,5	42,4	42,4	42,5	42,9
c) Frauen von 18 Jahren an, voll arbeitend	} 39,9	} 39,5	42,2	41,1	40,8	40,7	40,2	40,0	40,7
d) Frauen von 18 Jahren an, verkürzt arbeitend			19,2	19,0	19,0	19,0	18,9	18,9	18,9
e) Weibliche Jugendliche unter 18 Jahren	41,2	40,2	[2]	42,0	42,0	41,6	41,4	40,9	42,1

[1] Lw. = Lohnwoche.
[2] Wegen geringer Anzahl keine sinnvolle Durchschnittsbildung möglich.
[3] 1959 Maschinenbau, elektrotechnische Industrie, Schiffbau und verwandte Industrien zusammengefaßt.
[4] Ohne Eisenbahn, London Transport und British Railway Services.

CONTENTS

SOMMAIRE

СОДЕРЖАНИЕ

Kolibri 360 GmbH
Ferdinand-Jühlke-Straße 7
99095 Erfurt, Deutschland
produktsicherheit@kolibri360.de